# ごきげんよう みんなの人生

広海　深海

# はじめに

## 広海深海、お悩み相談始めました

**広海**　私たちが歩んできた人生を一冊に詰め込んだ『むすんでひらいて』。両親からのネグレクトや祖父母に育てられた貧乏生活、中学生で家を飛び出した経験、芸能界でのお仕事のこと、ＡＤＨＤ（注意欠如・多動症）やＬＧＢＴＱＩＡ＋の当事者としての考えなど……。情報過多な私たちの人生を詰め込んだ本を担当してくださった編集さんが、ふたたび声をかけてくださったことから始まったこの広海深海のお悩み相談本。実を言うと、最初は二冊目の本なんて私たちに作れるのかしらと思ってたんです。

なぜなら、『むすんでひらいて』ですべてを出し切ったと思っていたので。私たちのパーソナルなことに関しては「もう語ることがないよね」って。

**深海**　そんな私たちの気持ちを変えたのが、編集さんのこんな言葉でした。

「お二人のインスタライブにはいつもお悩みのコメントがたくさんきますよね。

そこで起こるやり取りには二人の波瀾万丈な人生経験や辛口のやさしさや励ましがつまっていて、つらい話でも笑い飛ばしてくれます。『もったいないな』と思うのは、この素敵な交流が揮発性の高いＳＮＳだとすぐに蒸発してしまうこと。ぜひ一冊の本にして、二人にしか伝えられない言葉をより多くの人に届けてみませんか？」

**広海**　『むすんでひらいて』という本を書いたのは、「私たちのちょっと特殊な人生を語ることが、誰かの勇気になったり、誰かの背中を押すきっかけになったら」という思いからでした。そして、本の印税は私たちがお世話になった三重県の児童相談所へと全額寄付させていただきました。私たちにとって、本のプロジェクトは「誰かのために」から始まっています。だからこそ、この言葉をかけていただいたとき、「なら、ぜひやります！」と即答している私たちがいたんですよね。

**深海**　ちなみに、編集さんは私たちのインスタライブを嘘がないと褒めてくださってるけど。そもそも、ラジオの生放送でもなく、テレビでもなく、業界の人間でもない私たちは何を言っても〝干される〟ことがないから（笑）。インスタライブでは忖度《そんたく》なく、包み隠さず思ったことをそのまま正直に届けているだけなのよね。

**広海** つまりは、言いたい放題（笑）。

**深海** なんでもぶっちゃけてしまう私たちだからこそ、みなさんもぶっちゃける気持ちになってくださるのか、それはもうドラマティックなお悩みで!!

**広海** しかも、今回はみなさんからお悩みを募集して、リモートで画面越しに相談者さんと対面して、実際にお話ししながら回答していくスタイルだったの。

**深海** 正直、最初はちょっと「私たちで大丈夫かしら？」と思ったよね。

**広海** 私たちよりも編集さんのほうがだいぶ不安そうだったわよ。「声はかけたものの、あの二人、大丈夫かしら？」って（笑）。

**深海** でも、実際にお話を聞いてみると、そこには本当に様々な人生があり、その答えを一緒に探す時間は私たちにとってもすごく意味のある時間になりました。相談者さんのなかには「初めて人に話しました」と言ってくださった方も。

この本にはセンシティブなお悩みがたくさん含まれています。だからこそ、私は

「この本を多くの方に読んでもらいたい」とより強く思えるようになりました。たとえ、私たちの回答に賛同してもらえなかったとしてもいいんです、「世の中にはこんなお悩みを抱えている人がいるんだ」と知ってもらうことができるから。そのなかには「私だけじゃないんだ、同じように悩んでいる人もいるんだ」と安心する人がいるかもしれないし、知らなかったお悩みに触れることで読んだ人の視野や世界を少し広げてくれるかもしれない。私たちの回答だけでなく、お悩みからも伝わるものもあるんじゃないかなって。

**広海**　悩みや痛みを一人で抱えるのがつらいのならば、みんなでシェアすればいいんだよね。それはお互いの人生をきっと豊かにしてくれるはずだから！

**深海**　とはいえ、やっぱりセンシティブなことって近くにいる人には相談しづらいもの。距離があるからこそ、打ち明けることができることもたくさんあると思うのよ。だからこそ、友達でもなく、恋人でもなく、家族でもない、私たちとこの本がその役割を果たせたら嬉しいよね。

**広海**　私たち、発展途上の三十代だけど、体感年齢は45歳越えだものね（笑）。

# もくじ



## Chapter 1

## RELATIONSHIP

友人関係、恋愛、仕事の人間関係etc.

Chapter 2

# FAMILY

親子、夫婦、子育て、ペットetc.

Chapter 3

## CAREER

**仕事、転職、留学etc.**

Chapter 4

## MYSELF

自分自身のこと、不安、心身のケアetc.

Chapter 1

# そんな日もあるわよ

RELATIONSHIP

友人関係、恋愛、仕事の人間関係etc.

# 〝頑張らなくても居心地がいい人〟と過ごせばいい

## こころから話せる友人がいない

人生の半分を過ぎたというのに、こころから話し合える友人がいません。仕事や習い事などで、当たり障りのない話をする友人はいますが、悩みを聞いたり打ち明けたりすることはなく、この先もこんな軽いおつき合いしかできないのかと悩んだり、寂しくなったりしています。どうしたら、こころから話せる友人ができるでしょうか？

――ともは（49歳）

―深海

私も子どもの頃は、あなたのようにこころから話し合える友達がいなかったから、気持ちがよくわかります。今だって、自分の本当に嫌な部分までぜんぶ話せる人ってたぶん一人、広海ちゃんだけ。

でも、いろいろな人と出会って30歳を超えた頃、「こんなことを言ったら嫌なヤツって思われるかもしれないようなことも、なるべく正直に話そう」と思ったの。なぜなら、耳障りのいいことしか言わないと、その人とは60%くらいの友人にしかなれない、ってわかったからなんです。

それで、思い切って自分から話してみたら「実は私も」って自分の話をしてくれたり、「話してくれてありがとう」って言ってくれたりする人が結構いることに気づいたんです。そこで実感したのが**やっぱり自分が先にこころを開かないと、相手も開いてくれないんだということ。**

もし、こころを開いて打ち明けたことに対して「深海ちゃん、それは人として……」なんて言ってくる人がいたら、この人とは合わないのねと、こちらから断捨離しちゃえばいいいと思う（笑）。

私は子どもの頃はいじめられていたし、他人が信用できなくて「みんな死んじゃえばいいのに」なんて思うクセもあった。そのクセが大人になっても抜けなくて嫌で仕方なかったんだけど、一周回って「このままの自分を受け入れてくれる人がいる」って気づいたとき、私は救われたんですね。それも、私からこころを開いた結果。

だから、こころから話せる人がほしいなら、まずは自分から話す勇気が必要だと思います。話してみると案外、意外な展開になったり、新しい発見があったりするもの。

「人生の半分を過ぎた」なんて年齢のことを気にしているみたいだ

けど、むしろ、他人とコミュニケーションを取りたいなんて、エネルギーがいることで悩んでいる時点で、実はあなたはこころも身体も元気なんだと思う。

自分に興味を持ってくれる人がいるか不安なのかもしれないけど、絶対にいるから！　だって、日本の人口だけでどれだけいると思っているのよ（笑）。こうやって自分の悩みを正直に話してくれているあなたのこと、少なくとも私は好き。だって、自分に正直な人ってすごく素敵だと思うから。

最近思うのは、友達っていってもずっと一緒にいなきゃいけないわけじゃない、ってこと。今思い返すと私だって、例えば20歳のときに毎日のように遊んでいた友達と今も親しい間柄かといえば、違うしね。

だから、
**そのときの自分が居心地のいい人、会っていて楽しいと思える人と、フレキシブルに過ごせばいいと思うんです。**
それは、たとえ昨日会ったばかりの人でもオッケー。

自分にとって居心地のいい人って、
**一緒にいて自分が頑張らなくていい人、**
**無理に盛り上げなくてもいい人のこと。**
そうでない人に、自分がどう思われるかなんて気にしなくてもいい。だってその人の人生なんて自分にま〜ったく関係ないことなんだから。
だから、あなたは何も頑張らなくて大丈夫よ。
そう、頑張らないことを頑張ってね（笑）。

# 人のことを加点方式で見てみて

## 2

### 転職先で上手く人づき合いができるか不安

今まで接客業をしていましたが、転職して工場で働くことになりました。まったく新しい環境なうえ、仕事で関わる人数も増えるため自分と合う人、合わない人が出てきそうで心配です。かといって自分から積極的に話しかけることも苦手なため、上手く関係性を築けるか、今から不安です。

――N.O（40歳）

—広海

ぼくもアルバイトをしていた頃に周りの人と合わなかった経験があるから、人づき合いでの不安な気持ちはよくわかります。こういう人間関係の構築について悩んでいる人って多いよね。とくに、大きな会社なら苦手な人や自分と合わない人も、多くなるだろうし。新しい環境ならなおさら慣れるまではストレスフルですよね。

でも、逆を言えばそれだけたくさんの人がいるなら、なかには「この人、感じいいな」って思える人もいるはず。ほら、苦手な人や嫌な人ばかりに気持ちを向けていたら、自分のバイブスまで淀んでいきそうじゃない（笑）？　だからこそ、「この人、感じいいな」のほうにフォーカスしてみるのはどう？　つまり、**人のことを減点方式で見るんじゃなくて、加点方式で見るってこと。**

いつも元気でハッピーそうな人がいたとしたら、「明るいだけで何も考えてなさそう」と思うのではなく、「いつも元気で陽気ね！」というプラスの視点で見てみる。実はそういう人のほうがみんな接しやすいし、ぼく自身はそういう人でありたいと思ってる。まずは、そんな自分を目指してみるのはどう？

そして、無理に自分から話しかけなくてもいいと思う。自分が苦手なことを無理してやっても疲れてしまうだけだろうし。自分から話しかけるのが苦手なら、いつでもウェルカムなナチュラル状態でいて、話しかけてくる人がいたらそこで受け入れればいいんじゃないかな。

ぼくが大事だと思うのは、

**誰に対しても同じ対応をすること。**

上司にも同僚にも年下の人にも、誰に対しても同じ態度で接している人ってとっても大人で素敵だと思う。つまり、別に同じであれば全員に塩対応だっていいんだから。そのほうが人によってコロコロと態度を変える人よりもよっぽど信用できると思わない？
　それでもあなたに敵意を向けてくる人のことなんて、あなたの人生の中に入れる必要はないから、気にしなくていいと思います。

　ちなみに、ぼくも工場で某メーカーのパン祭りのシールを貼る仕事をしていたことがあって、そこは内気な人や繊細な人が多くてトラブルも少なくて仕事がしやすかったんだよね。その人たちはゲームとか漫画が大好きでぼくも意外とオタク気質なところがあるから、めっちゃ盛り上がって仲良くしてた（笑）。でも、携帯ショップの接客業はそこにいる人と合わなかったのか、説明が苦手だったのか、2年くらいで本当に疲れて辞めました。職種の合う、合わないもあるからゆっくりと慣れていきましょうね。

# 自分を〝スペシャルな存在〟と思わせてくれる人を選んで！

## 3

### 二人の男性の間で迷っている

バツイチアラフォー（娘一人と同居）で、現在、信じられないことに二人の男性からおつき合いを申し込まれています!!　ですが、二人ともおつき合いの長い大切な友人であること、二人の性格がまったく異なることもあり、どう答えを出せばいいか迷っています。そもそも、自分の人生にふたたびパートナーが必要なのか……？　もし、深海さんだったら、一緒に盛り上がれる社交的なタイプと、一人とのつき合いを大切にする実直なタイプのどちらを選ばれますか？　アドバイスをお願いします！

――ドタバタママ（37歳）

あなた、楽しそう！　ずいぶん景気いいいんじゃない（笑）？

私も恋愛するときは「この人を紹介したら広海ちゃんどう思うかな？」なんて他人の意見を気にしがちなんだけど、やっぱり自分自身の恋愛なんだし、本来ならそういった第三者目線を取っ払って、**「自分がどれくらい自分らしくいられる人か？」ってところにフォーカスして、相手を見定めるべきだと思うんです。**

つまり、ちょっとでも見栄を張る必要があったり、頑張らないと一緒にいられない人じゃあ、パートナーとしてダメってこと。

例えば、私の話で恐縮だけど、性格が俗に言う港区女子の私は〝自分でお金を稼ぎたくないわ〃なんて考えてたのに（笑）、今のパートナーに「あなたは仕事でも成功できる、スペシャルな人だ」って言われたとき、「この人と一緒にいるのは悪くないな」「仕事を頑張る私も悪くないな」って思ったんです。

つまり、大事なのは一緒にいていかに自分を尊重して気持ちを上げてくれる人かっていうこと。話をしていて自分をさりげなく褒めてくれる人って、きっとあなたが見えていないあなたの美しさを知ってくれているはず。やっぱり、自分の内面について深く理解してくれたり、素敵だって言ってくれたり、

**自分がその人にとってスペシャルな存在だと思わせてくれる人と一緒にいるのが、一番じゃないかな？**

また、パートナーが必要かどうかって問題だけど、お子さんを育ててあげて、そのお子さんが大人になるタイミングで恋愛をして、一人の女性としての人生をもう一回花咲かせるだなんて、とても素晴らしいことだと思う！

でも、一か八かじゃあ、ダメ。「二兎を追う者は一兎をも得ず」

だから、二人とも長い友人とのことだし、相手を傷つけないように、
しっかりデートをくり返して見極めましょう。
絶対に上手くいくから、頑張るのよ。
人生、しっかりエンジョイしちゃってね！

# 嫌いな人を減らす努力はしなくていい

4

## 人間関係が上手くいかない

人の好き嫌いがはげしすぎて、人づき合いや社会との関わり方が苦手です。例えば、第三者のネガティブなうわさ話を鵜呑みにしてしまうので、実際にその人と直接話して「あれ、聞いていた話と違うな」と思っても後から軌道修正できないことも。どうしたら上手く人づき合いができますか？

――n@o（41歳）

そもそも、相手のことをよく知らないうちに誰かに「あの人、性格悪いらしいよ」なんて言われたら、誰だって「そういう人なんだ」って刷り込まれてしまって当然だと思う。でも、第三者のネガティブなジャッジで相手のイメージを決めつけてしまうのって、実はその人と仲良くなる可能性も狭めてしまうわけだから、とってももったいないことだと思うんです。

そんなときのぼくなりの処世術が、**「なんでこの人のこと、苦手なんだろう？」って、嫌いな気持ちにあえて興味を持ってみるというもの。**

決して「好きになろう」と努力する必要はなくて、あくまで「なんで嫌いなんだろう？」と、自分に問いかけてみるんです。「嫌い」という気持ちを放置しておくと、きっと自分もモヤモヤしちゃうだろうし。嫌いなものにも絶対に理由があるはずだから。

相手を「嫌だな」って思えること、苦手な気持ちを抱けるということは、あなたはちゃんと自分の気持ちに気づけているってこと。そこから「なんで嫌いなんだろう？」って掘り下げていくと、「あ、私はこういう対応をする人が苦手なんだ」というように、自分の〝物差し〟がハッキリしてくるんです。そして「嫌い」な理由がわかると、今度は自分の〝好きな人〟や〝好きなもの〟の輪郭がきっと見えてくるはず。

自分はどんなものが好きで、どんなものを求めているのかを知ることは幸せへの近道だとぼくは思います。だからこそ、その感情をお得に使っちゃいましょう！

別に無理に嫌いな人を減らす努力はしなくていいと思う。ぼくが「セロリを食べなさい」と言われても、おそらく一生無理なのと同じで（笑）、そもそも全員と仲良くするなんて不可能。ぼく思うんです、こちらが苦手と思っている人って、おそらくあちらもぼくを苦手だと思っているはずだと（笑）。そんなふうに気が合わないと感じる人に無理に時間を割かなくてもいいんじゃないかな？　それよりも気の合う人たちとの時間を大切にしたい、人生短いんだしね!!

でもね、先ほどお伝えした「なんでこの人を嫌いなんだろう？」と同じように、

**「なんで相手に苦手だと思われているんだろう？」という点は一回考えてみるのもいいと思います。**

それは自分を客観視できるチャンスだから。

それにしても、「人の話を鵜呑みにしてしまう」って、あなたはとても素直な人なのね。大丈夫？　騙されやすいんじゃない？　怪しい商法とか壺とか売りつけられないように気をつけるのよ！

# 迷いがあるなら言わなくていい

## 5

**離婚したことを親友に話すべき?**

一年前に離婚して、今は17歳の娘と二人暮らしをしています。そのことを周囲の人、親友にすら話せずにいます。「かわいそうだと思われるのでは?」「貧しいシングルマザーと思われるのでは?」と、プライドが邪魔して言えません。でも、どこかで話が漏れて、娘が友達に「お母さん、離婚しちゃったの?」と聞かれてもかわいそう。どうしたらいいか、アドバイスをもらえますか?

——ゆきべこ(48歳)

—広海

離婚について話せないのは、もちろんあなたのプライドもあるでしょうけど、やっぱり基本的には娘さんのことで悩んでいるんじゃない？　ぼくの友達にも「離婚したことで子どもたちが何か言われたら嫌だから、わざわざ言わない」という人がいるんです。ただ、その友達が決めていることが一つあって、それは「聞かれたら、正直に答えること」だそうです。

ぼくはこの考え方に賛成！　嘘をついているわけでもないし、相手が親友であろうと、大人には適度な距離感も必要。友達だからってすべてを言わなくていいと思う。そのうち、しかるべきタイミングが来たら「ハッピーな話じゃないし、私のことで嫌な気持ちにさせたくなかった。それで言わなかったんだよね」って、一言添えればいいし。そうすれば、相手も「私のことを考えていてくれたんだ」って悪くは思わず少しは理解してくれると思うから。

芸能人のニュースを見ていても、結婚報告なら「良かったね！」って思うけど、離婚報告の場合は「わざわざ改まって報告してくれなくてもいいのに」って思うんだよね。だって、**離婚には人それぞれの理由があるわけだし、その理由は本人たちにしかわからないことだよね。**

だから、あなたもそんなに気負わなくていいし、迷いがあるなら、言わなくても大丈夫！

娘さんのことを含めて、悩むことも多いでしょうけど、あなたが自分で決めて納得して離婚したのなら、それは正解だと思います。データでも三組に一組は離婚している時代なんだから、頑張っていきましょう。

でも、あなたのお悩みを聞いていると、離婚したことに悩んでいるんじゃなくて、「娘がかわいそう」「せっかく仲良くしている親友に言えないなんて、申し訳ない」だなんて、娘さんや友達の心配ばかりね。だからあなたって、とっても優しい素敵な人だと思う。でも時代は「自分ファースト」よ。

娘さんも友達も、あなたが幸せなのが一番「幸せ」なんだってことを忘れないでね。

# 悩みも込みで、今を楽しんで！

## 6

### 同性のパートナーの作り方

今、楽しく高校生活を送っているのですが、二つの悩みがあります。一つ目は、将来が不安だということ。二つ目は性に関することで、自分がゲイだということです。友達には無事カミングアウトできたのですが、どのように彼氏を作ればいいのかわかりません。アドバイスをもらえると嬉しいです。

――H・K（16歳）

一深海

まず、一つ目のお悩みから。将来の不安はね、あなただけではなくて、誰でも抱えているものなんです。私だって、34歳という年齢でもいまだに悩んでいるし、今、私と一緒にお悩みを聞いてる編集の青柳さんだってきっと悩んでる（笑）。

たまに高校生でも「自分は野球をやっていくんだ！」って将来を決められている人もいるけど、そんなの本当にごくわずか。そういう人に影響を受けて「僕は何も決まっていない……」なんて悩んでいるのならナンセンス。その都度、自分にとって一番したいこと、楽しいことは何かなって考えるようにして、そのたびにチョイスしていけばいいと思います。

一つアドバイスするとしたら、もしあなたの状況や環境が許したならば、大学は行っておいたほうがいいということ。私は中卒だけど、周りの大卒や大学院を出ている友達を見ていると、大学時代に学んで遊んだ経験や学生時代の友人の存在って、すごくうらやましいものだから。そのチャンスを逃すのはもったいないなって思うんです。

そして、二つ目のお悩みについて。

例えば、どうしても今すぐ彼氏が欲しいのであれば、インターネットの掲示板を使ったり、いろいろと手段はあります。でもね、そういう場所を今の年齢で使うのは、私はおすすめしない。安全面の心配もあるし、そもそもそういうところで知り合う人って、あんまり素敵じゃないことが多い気がするの。私調べだけどね（笑）。

だから17歳という年齢で、「どうやって彼氏を作ればいいのかわからない」って悩んでいること自体がすでに正解だと思うし、今は、学校生活でしか経験できないことを、思う存分謳歌してほしいんです。修学旅行とか文化祭とかあるでしょ。あとは些細なことだけど、放課後に友達と遊ぶとかね。「そんなこと？」って思うかもしれないけれど、本当に学生時代にしかできないことだから。

もちろん思春期だと思うし、「やっぱり彼氏が欲しいなあ」ってモヤモヤすることもあると思う。でも、とにかく私は、あなたに

**〝今〟を楽しんでほしい。**

彼氏なんて、あなたが20歳を過ぎた頃には、たくさんできるから大丈夫！

もし、それくらいの年齢になっても彼氏ができなくて悩んでいたら、私にＤＭしてきて。使えるアプリとか、ぜんぶ教えてあげるから（笑）。

# 選ばれるのを待たずに、自分から選んでいい！

7

## 隙がないってダメ？

私は会社勤めをしながら、副業で税理士もしています。自分の努力で叶えられることならなんでも手に入れてきたせいか、昔からよく「隙がない」「一人でも大丈夫そう」と言われます。ところが、とくに恋愛は苦手でここ数年彼氏もいなく、まったく完璧ではありません。男性と飲みに行くと、「意外としっかりしてないんだね」って言われることもあるけど、なかなか上手くいかなくて。「隙がない」から、恋愛が上手くいかないのでしょうか？そもそも隙って何？　深海ちゃんみたいになりたい！

――nico（45歳）

—深海

あなた、何言ってるの（笑）。まあ、見習いたいならどうぞ♡そもそもお金も地位もある、自立した女を避けがちな日本の男性って、嫌よね～。周りを見ていても、こと恋愛においては〝何もできない〟隙がある雰囲気の女のほうが重宝されているもの。だから、私は外国人が好きなんです（笑）。

彼氏がいないときに外野の意見やラブコメなんかに影響されて、「私、恋愛してない！」って焦ったりイライラするのはみんなもそう。まあ、私も以前は彼がいるときは相手に合わせて、「どうやって、おごってもらったりチヤホヤしてもらえるふうに振る舞おうかな？」って考えていたんだけどね（笑）。

でも、あるとき今の外国人のパートナーに、何かと隙のあるふうを装っていたら「なんでそんなことする必要があるの？」って言われたんです。それで「自立しているほうが自然なんだ！」って気づいたんです。

もちろん、自立した女を避けるような軟弱な男性があなたの好みなら、やっぱり「隙がある」ふりをしなければいけないっていう矛盾があるんだけど。

でも、ちょっと考えてみて。裏を返せば、経済的に自立しているあなたは、結婚しようが離婚しようが男性に頼る必要がないの。パートナーからひどい仕打ちを受けようものなら、全力で訴えることもできるし、それって、誰とでも対等につき合えるということなんです。

つまりあなたは、

**男性から〝選ばれる〟のではなくて〝選べる〟立場にいるんですよ。**

私の偏った意見かもしれないけど、日本人男性は隙のあるわかりやすい女性を選びがちで「だから選ばれないのね」なんてあなたは思っているのかもしれないけれど、こちらから選ぶという選択肢があることを忘れないで。だからこそ、あなたみたいなタイプには外国人がおすすめなんです（笑）。

日本って歳を重ねたら女性じゃなくて、「おばさん」っていう違うカテゴリーにされがちじゃない？　職場ではお局扱いされて怖がられたりして、とても嫌な感じ。日本人のおじさんたちの話を聞いていると、そういうふうに自立していて成熟した女性へのある種の差別みたいな感情を感じて「うわ〜」って鳥肌が立つこともあるし。まったく、仕事のできる女性への嫉妬なのかしらね（笑）。

その点、海外のほうがそういう偏見を持っていない人が多い気がします。あくまで私が出会った人たちの話だし、日本人にももちろん違う考え方の人はいるんだろうけどね。

そもそも、男性と飲みにいくことはあるんでしょ？　その時点で
**相手はあなたと会う時間を作っているんだから、自信を持って！**
って、これは私がパートナーから言われたセリフなんだけど（笑）。
そのとき素晴らしいなって思ったから、ここでシェアするね。
あなたは自分の人生を自分で選択していけるんだから！
でも、強いだけじゃダメ、ちょっとのかわいげもお願いよ♡

Chapter 2

# 頑張りすぎないでね

FAMILY

親子、夫婦、子育て、ペットetc.

# 〝自分にも相手にも優しく〟よ！

## 8

### 夫と喧嘩ばかりしてしまう

結婚10年目を迎えます。10年も経つと、相手の嫌なところばかり見えてきて、顔を合わせるたびに言い争いばかり。なかなか思いやりの気持ちを持つことができません。お互い仕事をしていますし、子どもも小学3年生と3歳とまだ小さく、疲れ切ってしまい、つい相手に当たってしまうことも。どうしたら、お互いぶつからずに、心に余裕を持って接することができるようになるでしょうか？

——みっく（37歳）

―広海

ぼくもタカシとつき合ってもう8年だから、長いつき合いゆえの、あなたのお悩みがわかりすぎるほどわかる！　ぼくは文句を言ったらスッキリするタイプなんだけど、タカシは案外しつこくて、毎日の言い合いはもはやデフォルト（笑）。8年経った今でも相手の怒るスイッチがわからなくて、朝起きたら急に「うわ、今日機嫌わる！」って面倒に思う日もあるしね。

でも、あなたがおっしゃる通り、仕事や家事でこころに余裕がないからぶつかってしまうだけで、どちらも悪気はないと思うんだよね。お互い働いているならば、多少は仕方がないと思う。私たちの場合は、片付けが本当に苦手だから自分でやる代わりに、部屋の掃除のサービスをお願いしているんだけど、家の中に掃除の分担がないとそれだけでも劇的に気持ちが変わって、こころが穏やかになるんです。もし私たちの間で、掃除が当番制だったら……と考えたら、それこそ血みどろの喧嘩になる自信がある（笑）。だから、もし少しでも生活費をそちらに回せるなら精神衛生を良好に保つために、そういった〝プロの手を借りる〟選択肢を取り入れるのも、おすすめ。

**相手のことは変えられないから、誰かの助けを借りるのってすごく良いと思う。**

金銭的なことは子どもが小さいうちの期間限定って割り切ってね。

あとね、こころにも時間にも余裕がないときは、火に油を注ぐようなことをしたり、言ったりしては絶対にダメ。ぼくはムカついているときほど、相手に「ごめんね」って伝えたり、「これ、好きそうだから買っておいた」なんてちょっとしたプレゼントをするようにしています。怒りたい気持ちはすごく理解できるんだけど、

**相手に優しくすると、やっぱり相手もこちらに優しくしてくれるんです。**

そう、「北風と太陽」方式よ！　怒っても何一つ良いことがないんだから。

よく「価値観の不一致で別れた」なんて聞くけれど、「双子ですら価値観がズレているんだから、他人同士なら違うに決まってるでしょ！」って思うの（笑）。

だから、相手に対して減点方式じゃなくて、あくまで加点方式を採用してみて。「ムカつきはするけど、これはやってくれてありがたいなあ」って思うようになる。

あと、自分に優しくしていると、相手にも優しくできるもの。

常に自分には優しく、ね。

怒ってばかりじゃダメよ、旦那さんが帰りやすい穏やかな家庭を作ってね。

# あなた自身がリラックスすることも大切

## 9

### 反抗期の子どもとの接し方

子どもが四人いるのですが、中学3年生になる長男との関係性に悩んでいます。反抗期が始まったようで会話もなく、少しでも注意すると物に当たります。また、家族での外出にもついてきません。おまけに成績も下がり、やりたいことも見つからないようで、この先いったいどうなってしまうのか、心配です。この状況を我慢して黙って見守るか、それとも注意すべきか、アドバイスをいただけますか?

――みーご(36歳)

お子さん、中3なのね。いろいろ原因はあるかもしれないけれど、一つの大きな要因はホルモンのせいだと思う。ぼくも、中学生の頃はなんかこころが不安定でおばあちゃんに「くそババア！」なんて言っていたから。今は本当にごめんなさいと、こころから思ってます。

でも、思春期って謎に親や環境にムカついているものだし、はっきり言って、真正面から向き合っても仕方がないと思うんです。お子さんにその気がないのに、無理やりこちらを向かせようとしても、あなたが疲れちゃうだろうし。

息子さんがこの先やりたいことも見つからないかもなんて言うけれど、ちょっと思い出してみてほしいんです。あなた自身が中3のときに、「やりたいこと」が決まっていたかって。きっとそんなことなかったんじゃないかな？

お母さんとして心配するのはわかるし、もしぼくが親の立場だったら、あなたと同じように「大丈夫？　このままで将来就職できるかな」なんて不安になると思う。本人が何か具体的な悩みを抱えているなら、その問題に真摯に取り組むのがいいけど……思春期のイライラは本人が気づくまでどうしようもないと思うんですよね。

あなた自身も反抗期の頃って、親に「やりなさい！」なんて強く言われても絶対にやりたくなかっただろうし、そもそも言われたことに素直に従うようなこころもちではなかったはず。ぼくの友達のお子さんでも、何回も誘ったけどやっぱり家族旅行についていかないっていう中学生がいるそうです。

先ほど（P51）の「北風と太陽」の話じゃないけど、あなたがいくら頑張って押し続けてもダメなの。母親の心配する気持ちって、子ども本人を余計に焦らせてしまうこともあるし。干渉しすぎると、逆効果。今は「なんとかなるし、子どもの人生は大丈夫」って、信じてあげましょう。

親として学歴とかスペック的な部分も気になるとは思うけれど、やっぱり、

**一番大切なのは子どもが幸せに生きることじゃない？**

世の中のお母さんたちが願っていることって、結局はそれに尽きると思うんですよね。

ちなみに、ぼくの反抗期が終わったのは、おばあちゃんの涙がきっかけ。大人は強いと思い込んでいたから、おばあちゃんが泣いたのにびっくりしちゃって、超ショックだった！　これもある意味、「北風と太陽」的なエピソードかもしれない。何事も追い込みすぎたらやっぱりダメなんだよね。

そもそも、あなたは四人もお子さんがいるんだから、その時点でものすごく頑張っているし、むしろ頑張りすぎている可能性大だと思うな。息子さんを見てどうしようって焦る気持ちはわかるけど、たまには子育てを忘れるくらいのバランスがちょうどいいのかもしれませんね。

結論。

**あなたに必要なのは、あなた自身がリラックスすること。**

お母さん自身に余裕があって自然体だと、自然と息子さんとの関係性も変わってくると思う。仕事でも子育てでも365日100%の力を出せるわけなんてないんだから。

たまには自分自身のことも考えてあげて。

頑張りすぎちゃダメよ！

# 10 最低限の礼儀だけは守らせて

## 夫が浮気をくり返している

22歳でつき合い始めた夫と、結婚して今年で16年。中学生の男の子と小学生の女の子、二人の子どもにも恵まれました。でも実は、おつき合いしているときから夫は些細な浮気をくり返していて、何回も裏切られている私は、こころのどこかで「このままで良いのかな?」と、いつも晴れない気持ちを抱えています。今はもうしていないと信じていますが、これまで我慢してきてしまった自分が悪いのかとモヤモヤすることも。いつか「過去なんて、どうでもいい」と思える日が、来るのでしょうか?

――マオリ(45歳)

ー広海

旦那さん、些細な浮気をくり返しているなんて、きっと本気にはならない、くだらない浮気なんでしょうね。お子さんもいらっしゃるし、どうしても我慢ならないようであれば旦那さんと戦ってもいいのだけど、でも、あなたは過去に許しちゃっているんだよね。どうしても裏切りが許せない人の場合、おそらく一回目で絶対に別れているはず。

ただ、あなたも言葉では許しているとは言っても、見えないふりをしていても、たまに我慢していた気持ちが溢れちゃうんだよね。我慢のコップの水がいっぱいになっちゃう感じなんだと思います。

まずは、そんなに長い年月をともにしているなら、
**定期的に旦那さんとリレーションシップを見直す時間を持ちましょう。**
たぶん、お互いにその関係性が麻痺しているところがあるはずだから、ご夫婦だけでごはんでも食べに行って、ちゃんと対話する時

間を作ってみるといいのでは、と思います。

浮気をくり返しても旦那さんがあなたと一緒にいるのは、きっと今の生活に安心しているからだと思う。旦那さんもちゃんとあなたに対して愛情があるんだろうし、別れていないってことは、あなたも旦那さんのことが少なからず好きなんだろうし。

あとは、上のお子さんが中学生なら、浮気のことを知ったときにお子さんのケアも大切だよね。子どもって、何も言わなくても意外と気づいてしまうものだから。お子さんのためにも旦那さんには、「子どもたちに示しがつかないから、少なくともちゃんと隠してもらいたい」って、あなたから真摯に伝えるべきだと思う。子どもを持つ親として夫婦として、それが最低限の礼儀だと思います。

ぼくの知り合いにも、旦那さんに何度も浮気されている人がいるから「どうやって許すの？」って聞いたら、「その都度けじめとして、何かを絶対買わせる！」って言っていました（笑）。

それも、礼儀の一つかもしれないね。


**たとえ、家族だとしても人として、礼儀だけは欠いちゃいけない**と思う。お子さんに対してもだけど、誰よりあなたに対してね。

あなたの〝腑に落ちるポイント〟を探してみてください。でも、もし我慢ならなくなったら、またいつでも連絡くださいね。

# 世の中悪い人ばかりじゃない。理解してくれる人も必ずいるはず！

〃

**複雑な家庭環境を隠したい**

誰にも言ったことはないのですが、私は生物学上の父に会ったことがありません。母は私が幼い頃に再婚したので、再婚相手を本当の父だと思っていました。ただ、父はほかの兄弟（実子）と比べて私だけ別の扱いをするなどしており、家庭内はずっと不穏な空気が漂っていました。自分だけ実子ではないと知ったのは高校生のときです。金銭的な苦労はなかったのですが、複雑な家庭環境を隠したいと思ってしまう自分が嫌です。そもそも、カミングアウトできるような友人もいません。深海さんはご自分の生い立ちを恥ずかしい、嫌だと思ったことはありますか？　また、ご両親に会ってみたいと思いますか？

――物欲オバケ（34歳）

これまで誰にも話していないことを私に託してくれてありがとう。まずは、実の両親に会ってみたいかどうか？　これは、双子でも全然違っていて、私は会いたいなんてまったく思わないんだけど、広海ちゃんは興味があるから会ってみたいと言うの。

私たちは幼い頃に両親からネグレクトされて、祖父母と養子縁組もしていたし、二人が生きているうちは、おじいちゃんとおばあちゃんが〝お父さんとお母さん〟であってほしかったんだよね。粗野で大ざっぱなところもあったけど、愛情深く大切に育ててくれたから。正直「本当の親に会いたい！」なんて言ったら、おじいちゃんやおばあちゃんに悪いっていう気持ちもあった。

あなたは、生い立ちを「隠したい」と思うことを悲観しているけど、そもそも親御さんがあなたには隠していたわけだから、仕方がないんじゃない？　子どもって親がしていたことがそのまま根付くもの。子どもながらに「隠したほうがいい」「恥ずかしいことなんだ」と刷り込まれて育ったんだと思います。だから、悲観してそう思ってしまうのは当たり前。

でも、親御さんなりに思うところもあったんだと思う。時をみて言おうと思っていたけど、やはり言い出しづらかった……とか。そこにも少しは思いを馳せてみてもいいかもね。

それから、カミングアウトできるような友人がいないということだけど、

**腹を割って話したいと思うなら、まずは自分から行かないとね。**

試しに話してみたら、きっと相手も「あ、この人は私にこころを開いてくれてるんだ」ってわかるはず。

自分から行けば、傷つくこともあるかもしれないけれど、「もしあなたの生い立ちをバカにするような人なら、そもそも友達なんて

やめて正解」この明確な答えを一つ抱えて挑めば大丈夫よ！

子どもの頃ね、親がいなくて不遇だと嘆いたこともあったけれど、

大人になって、

**「世の中って、そんなに悪い人ばかりじゃない」**

って思えるようになりました。

この世界のどこかにあなたを受け入れてくれる人が必ずいます。

考え方は人それぞれだから、「理解」はできなくても「理解しよう」とすることはできる。だから、必ず「理解しよう」とする人が現れるはずだし、いつかその人に話して良かった！と思える日もくるはずだから。

# 誰にでも隠し事はたくさんある

## 12

### 自傷行為の痕を子どもに説明するべき？

10代の頃うつになって自傷行為（アームカット）をしてしまい、その傷痕が今でも10本ほど残っています。レーザーで消そうと思いましたが、完全にはきれいにならないとわかり、途中で通院をやめてしまいました。なるべく腕の出る服を着ないようにしていますが、二児の親となった今、いつか傷痕のことを子どもたちに聞かれたらなんと答えればいいのか、悩んでいます。

――san（35歳）

—広海

まずは、あなた自身の繊細なこころのうちを相談してくれてありがとう。今はまだお子さんが小さいみたいだけど、いずれ中高生くらいになったら、もしかすると察するかもしれないね。でも、お子さんが自分で察するぶんにはそれは自然の流れだからいいと思います。もしそうでなく、あなたから伝えたいと言うのなら、いくら家族のためとはいえ、わざわざつらい過去を自ら掘り起こさなくてもいいと思うんです。

そもそも、あなたが思うほど、周りは気になっていない可能性もあるんじゃないかな？　気にする人がいるとすれば、同じ行為をしたことがある人、くらいだと思う。

あなたに限らず、

**誰にでも隠したいことなんて大なり小なりいっぱいあるんだから、大丈夫よ！**

もし誰かに聞かれたら「昔、ケガしちゃったんだよね〜」くらいの返答でいいと思うし、ぼくだったら下手に正直に話して子どもが傷ついたら嫌だから言わないと思います。逆に不安にさせてしまう可能性だってあるし、

**なんでも正直に言ったほうがいいというのは自分のエゴだと思う。**

人間、誰でも不安定な時期ってあるもの。万が一、お子さんが深く悩んであなたと同じ問題を抱えることがあったら、そのときに初めて「ママもこんなことがあったけれど、こうやって乗り越えたよ」って、話してあげたらどう？

今あえて元気いっぱいの子どもにわざわざ言う必要はないとぼくは思います。旦那さんにも、「こういう不安があるから、子どもたちには言わないようにしようと思うんだ」ってコンセンサスをとっておけば、バッチリよ！

ただ、あなたがどうしても傷痕が気になるのであれば、もう一度、美容クリニックに通ってみるのもいいと思います。今、形成の技術はものすごい上がっているから、あなたが当時受けた施術とは格段に違うはず。

あとね、これは海外の例だけど、ぼくの友達に傷痕をあえてタトゥーでかわいくしている人がいるよ。アメリカでは流行っているらしくて、例えば、髄膜炎の手術をした男性が、傷痕をチャックの模様のタトゥーにしてみたりね。つまり、傷を活かしたタトゥーっていう解決法もあるってこと。日本だとなかなか難しいかもしれないけど……。

いずれにせよ今は幸せなんだから、考えすぎるのはダメ。気にしすぎず、あなたらしく頑張ってね。

# 〝お父さんの安全のため〟って考えてみて

13

## 認知症の父を施設に入れるべき？

認知症の父についてご相談です。母が亡くなってから父は一人暮らしをしています。ヘルパー、訪問介護、デイサービスと様々なサービスを利用しているものの、認知症がどんどん進行しています。今はまだ家のことはかろうじてこなしていますがトラブルも多く、一人暮らしは難しい状況です。そこで、施設への入所を勧めてみても、本人は「入りたくない」の一点張り。嫌がる父に入所を勧めることに、私も心身ともに限界を迎えてしまいました。騙すような形で入所させる方も多いと聞きましたが、それも心苦しくて。どうすれば罪悪感を持たずに、父に接することができるでしょうか？

――ねこズ（50歳）

—広海

ぼくのおじいちゃんも最初は施設に入りたくないって言ってたから、この〝親を施設に入れるべきか否か問題〟については、とてもわかります。でもね、認知症の病状が進行するなか、一人にしていたら、熱中症になっちゃったり、衛生面の心配もあったりと、実は逆に危険なこともたくさんあるんですよね。あなたが見ていないところで徘徊して事故に遭ってしまう可能性もゼロじゃない。不謹慎なことを言うようで、ごめんなさい。でも、万が一そんなことが起きてしまったらやりきれないと思うんです。

認知症って、基本的に老化とともに進行していくものだから、このままお父さんに向き合い続けたら、おそらく心身ともに余裕がなくなって、あなたのほうがつぶれてしまうと思う。だから、これはあくまでぼくの意見ではあるけれど、**お父さんがより安全に、幸せでいるためにも、絶対に入所させたほうがいいと思います。**

認知症は現状維持はあっても、良くなることはない。これから少なからずお父さんの症状が進行していくと仮定するなら、お父さん自身のためにも、やっぱり専門家の協力を得て委ねるべきだよね。

心苦しいって言うけれど、自分が楽をするためじゃなくて、お父さんの安全のためにと考えたら、施設に入ってもらうほうがよりいいと思えるんじゃないかな。その代わり、可能ならなるべく家から近いところにして、定期的に会いに行ってあげることが大事。週に一度とか、二週に一度は必ず会いに行くんだって、自分で決めたらいいと思います。それだけしっかり守れば、十分だと思う！

ぼくのおじいちゃんのときもそうだったけど、施設に入所すると夜とか寂しいって考えたりするんだろうね。自宅で逝きたいって気持ちもあるんだろうし。でもさ、最初は嫌がっていた施設も、いざ入ったら案外楽しそうだったよ、うちのおじいちゃん（笑）。

別に周りの人も、あなたのことをひどい娘だなんて思ったりしないから大丈夫よ。もしそんなことを言われたら、「お父さんの安全のため」だって答えればいいじゃない。だってそれ以上でも、それ以下でもないんだから。

だから、お父さんのためにもあなたのためにも、専門家の手を借りましょう。大変だと思うけど、頑張ってね！

# おばあちゃんから「守る」姿を子どもに見せてあげて！

14

毒親とのつき合い方

もうすぐ70歳になる母は、いわゆる毒親。我が家では、母の言うことは絶対的に「正しい」とされるため、父や兄弟、孫さえも歯向かうことができません。甥の進学先にせよ、私の子どもの習い事にせよ、すべて母に決定権があります。言い返そうものなら１００倍になって返ってきますし、行動すらも制限されるため、自由はありません。このままでは母がこの世を去るまで、自分の願う人生を歩むことはできそうにありません……。少なくとも子どもだけは母から守ってあげたいと思うのですが、どう対処していけば良いでしょうか？

――ＭＩＮＡＭＩ（41歳）

—広海

いわゆる「毒親」と言われるお母さんのように、絶対的に自分が正しいと頑《かたく》ななタイプの人に真正面から挑んでも難しいと思うんですよね。聞く耳を持たないだろうし、こちらがエネルギーを消費してしまうだけ。相手を変えようとしても、絶対に無理。お母さんにもプライドがあるでしょうし、また年配でもあるし無理やり論破して傷つけるのもかわいそうだしね。さらに言うと、そういう人って、「良かれ」と思ってやっているパターンが多いんだよね……。

難しい問題だと思うけど、ぼくだったら水面下で自分の好きなように動きつつ、お母さんの話は聞き流して〝言うことを聞いている〟スタイルをとります。でも、お子さんにせよ、甥っ子さんにせよ、あなたにせよ、仮に**お母さんの「正しい」に従って生きていったとしても、後で絶対に後悔すると思うんですよ。**

あなたも言っているけど、少なくとも子どもたちには、自分で決めた人生を歩ませてあげたいと思ってるのよね。だったら、お子さんには「おばあちゃんはこう言っているけれど、お母さんはこう思う。好きに生きていっていいよ」って、しっかり伝えてあげてほしいな。もし、お子さんがお母さんと喧嘩になるようなことがあれば、そのときは味方になって一緒に考えてあげるのはどう？

人から決められたことに従ってそれで人生が思うようにならなかったら、ぼくだったら「ふざけんなよ」って思っちゃう。ましてや甥っ子さんの進学先なんて、絶対に自分で選ばせてあげたほうがいいと思います。自分で選んだ決断は自分の責任になるけど、ほかの人の意見に従って上手くいかなければその人のせいにしてしまう。甥っ子さんだって、きっとやりたいことがあるだろうし、後から後悔して、「おばあちゃんのせいだ」なんて恨んでも誰もハッピーじゃないよね？

だから、ぼくがあなただったら、子どもに関することは、お母さんの言いなりで終わらずにしっかり意見して、

**子どもに〝おばあちゃんから、あなたを守っている〟と、抵抗する姿勢を見せる**

と思います。そういう親の姿を、子どもはちゃんと見ているからね。だって、この先「お母さんって、なんでもおばあちゃんの言いなりだったよね」って言われたら、あなた、とても傷つくと思うから。

もちろん、お母さんにはお世話になっているでしょうし、感謝もあると思う。だけど、コントロールされるのはあなたで終わりにしましょう。複雑だし大変なのもわかるけれど、子どもたちにとっての「一番」はあなたであってほしいんです。

# 15 人間なんだから、他人を妬ましく思うのは当然

## 代理母出産を選択、普通に産める人がうらやましい

ステージ4のがん患者です。現在は薬のおかげで寛解《かんかい》状態で、仕事を続けられています。もともと子どもが欲しいと思っていたのですが、がんの治療中ということもあり、海外での代理母出産という形を選択しました。今は子どもが無事に生まれてくることを心待ちにしているところで、この決断に後悔はしていません。でも、多額の費用や、理解してくれない親族のことを考えると胸が苦しくなり、普通に妊娠できる女性をひがんだり、妬ましく思うことも。こんなときの気持ちの乗り越え方を、相談させてください。

――ごま塩（39歳）

―広海

人生って、病気にしろ人間関係にしろ、本当にまさかのアクシデントだらけだよね。私たちでいえば子どもの頃から両親がいなかったし、深海ちゃんだって、20代でがんになったし。人生ままならないときに周りの人のことを「うらやましいな」って思う嫉妬の気持ち、みんな持っていると思う。ぼくなんて、子どもの頃はサザエさんみたいな家庭に憧れていたし、「なんで私たちだけ親がいないの？」ってムカついてた（笑）。

でも、ぼくは嫌なことが起きたぶん、絶対に良いことが起きると思っているの。だから、自分の人生を振り返ったときに、最終的に「自分は幸せ！」って思いたいし、思うって決めているんです。過去のつらいことを振り返って、自分の人生をやり直したいかって聞かれても全然そんなことないし。何があろうと、今の人生は楽しいし、自分は自分だって思っているんだよね。

だって、自分の人生を否定するなんて嫌じゃない？　最終的に「自分は幸せ！」になるんだから、絶対に大丈夫。何事にも意味はあるし、上手くいくって、ぼくは信じているんです。だから、あなたも「妬ましい！　ムカつく！」なんて思いつつ、「人生そんなときもあるわよね」「なんとかなる」って、自分のペースで乗り越えていってほしい。

**人間なんだし、他人を妬ましく思うのは当然だし、そういう気持ちはむしろ自然で、持っていていい**と思います。

だから、代理母出産のことも、お仕事もそんな体調の中大変だと思うけど、頑張りすぎなくていいからね。ぼくはあなたの夢が叶うことを祈っています。でも、

**叶ってても叶わなくても、トライすること自体が素敵なんだから。**

とにかく健康が一番。何よりも自分の身体を優先してほしいと思います。

親族とか、外野のデリカシーに欠けた意見は完全スルー！　何かムカつくことがあっても「今は、代理母のことに集中よ。超大変なんだから、いい加減にして。空気読んでよ！」って言っちゃってもいいからね。

それに、ステージ4から今の状態にまで復活できたなんて、あなたって超ラッキーだと思う！

本当によく頑張りました。本当に本当に、応援してるわよ!!

# あなたとお子さんの仲が何より大事。他人の意見は関係ない！

16

**不倫でできた子どもについて**

40歳で女の子を出産したシングルマザーです。子どもの父親には家庭があり、不倫の関係にありました。相手の家族には迷惑をかけたくない、知られたくないという思いから、とくに認知は要求せず、自分の強い気持ちだけで母親になりました。子どもはまだ2歳と幼いのですが、この先、子どもが大きくなったときにこのことをどう伝えたらいいか、わかりません。子どもの未来のためにも、アドバイスいただけたら嬉しいです。

——ａｋｋ（43歳）

まずね、父親が誰であろうが、不倫であろうが子どもの未来のことを考えているあなたは、とても立派なお母さん。お腹に命を授かって、産みたいと思って産んだ。そして、育てたいと思って育てた。それって、とてもシンプルで素晴らしいことだと思うんです。

もちろん、**不倫はいけないことだけど、それは世間に対してではなくて、相手のご家族に対しての話。**

そこには第三者の他人の意見はまったく関係ないんですよ。日本人って、ここを間違えがちだよね。そして、何よりあなたとお子さんの仲は、不倫だから恥ずかしいとか、間違ったことだとか、そういう道理とはまったく関係のないものなんです。つまり、赤の他人にどう思われるかなんて、本当にどうでもいいってこと。

子どもと会いたくて、育てたくて産んだ。
子どもが好きで、そのことで悩んでいる。
私の母親がそんなことを言ってくれたら……なんて思っちゃうくらい、あなたは素敵なお母さんですよ。
そもそもシングルでお子さんを育てているだけで拍手ものだし、もっともっと自分を褒めてあげてほしいくらい。だから、真面目に考えすぎず、いい意味で適当にやってほしいと思う。

もし、お子さんに「なんでお父さんいないの？」って聞かれたら、私なら正直に「お母さんは、お父さんのことあまり好きじゃなくなっちゃったんだ。でも、あなたのことが大好きだから、お母さんはあなたとずっと一緒にいるよ」って言うかな？　だって、嘘じゃない本当の気持ちだから。

でもね、忘れないでほしいのが、

**お子さんだけじゃなくて、あなた自身も幸せになっていい**

ってこと。別に、負い目を感じて子どものためだけに人生のすべてを捧げる必要はないんだから。時間や余裕ができたら、男性とデートしたっていいし、自分のためだけの時間を持ってもいいんです。何かあったら周りの人に協力してもらってね。だって、お母さんがハッピーなほうがお子さんも絶対にハッピーだから。あなたが幸せでいることがお子さんの幸せにも必ず繋がるから。

お母さんとしては100点満点だけど、一人の女性だってことも忘れないでね！

# 人生には「乗り切れること」しか起こらない♡

17

**ペットロスが心配**

一緒に暮らしているわが子（3歳・ミックス犬）と、いずれお別れする日が来ると思うと、今からペットロスが心配でたまりません。この子は3代目で今は病気もなく元気なのですが、自分の年齢を考えると、これからは散歩もろくに連れていけなくなるでしょうし、おそらく最後の子になると思います。以前は海外旅行も好きでしたが、すでに趣味も仕事もすっかりわが子中心の生活に……。愛するわが子と後悔なく過ごしていくために、グリタオちゃんを愛する広海さんに、参考になることがあればぜひ教えてもらいたいです。

——まーべらす（55歳）

—広海

あなた〜〜ペットロスだなんて、先回りしすぎよ（笑）！　たしかに、お子さんを育てている人でも、いざお子さんが成人すると燃え尽き症候群に陥ることがあるし、ぼくもタオちゃんがいるから海外に行くときはいつもネコズのことが気になって仕方ないから、あなたの不安な気持ちはよくわかります。でも、対象が子どもでもネコでも犬でもなんであれ、依存しすぎは良くないと思う。

**心配しすぎ注意報よ！**

ただ正直なところ、ぼくもペットロス問題に関しては弱くて、あなたに「依存するな」なんて言える立場にはないんだけど、やっぱり過剰なほどの思い入れが良くないこともわかっていて。

ペットに限らず何事でもそうだけど、ネガティブ思考になる傾向の人って今が幸せでも、つい将来の不安について考えがちじゃない？　でも、ポジティブな人はとにかく〝今を楽しむ〟に注力する。

どちらがいいとか、悪いとか一概には言えないけれど、ちょうどいいバランスが大事なんじゃないかな。

ぼくは、

**人生には乗り切れることしか起こらない**

って考えるようにしています。だからきっと、その子もあなたが乗り切れるようになるタイミングまで、お別れを待っていてくれると思う。だって、そう考えたほうが幸せじゃない？

散歩だって、仮にあなたが行けなくなっても、ペットシッターサービスを利用してみるのも手だし。だから、そんなにシリアスに考えすぎないほうが、あなたもその子もハッピーになれる気がするんだよね。そもそも、こう言ったらなんだけど、ぼくもあなたも明日死ぬかもしれないんだし、そういう普遍的なことは悩んでも仕方がないと思っています。

でも、備えあれば憂いなし。やることをやっておけば少しは不安が和らぐかもね。だから、今できる準備をしておくのはどうかしら。たとえ自分が死んでもペットが路頭に迷わないようにね。友達に「何かあったらよろしくね。その代わり、へそくりの場所教えておくわ」って頼んでおくとか。

もし先にペットが亡くなってしまっても、自分のことは自分でなんとか乗り切れるだろうけど、自分が死んだ後にペットが路頭に迷ったら嫌じゃない？

…………（考える間）

でも……ちょっと待って！

そもそもあなたのワンコは病気でもなく、すこぶる元気なんだよね？　じゃあ、縁起でもないことを考えるのはやめなさいよ！　あなたもワンコも元気なんだから、本当、いい加減にして（笑）。

うちのタオちゃんなんて、ワンコと違って一人が好きだし、深海ちゃんやタカシもいるから、ぼくがいなくても「はいはいはい」って感じで、楽しく生きているわよ！

でも、そんなふうに、愛情をたっぷり注いでくれるあなたに出会えたワンコって、とっても幸せね。

あなたも、いい家族に出会えて本当に良かったわね！

次のページからは
2人でお悩みに
答えていくね

いろいろと人生に疲れてしまい、人も物も手放したいと思ってます。上手に「手放す」ためのアドバイスが欲しいです！（runa）

## 執着することを、期待することを、まずは手放す

**広海**　手放すことを難しく感じている人って、きっと多いと思うんですけど。ぼくの場合はとにかく物を失くす人なので。この間、買ったばかりのサングラスはもうないし、時計もどこかに行ってしまった……。

手放すっていうより勝手に逃げて行っちゃう感じなんだよね（笑）。でも物欲もないから、それもへっちゃら。物に執着しないことが「手放す」ためには大事な気がする。

**深海** それは〝物〟の話だけど、〝人〟の場合はどうなのよ？

**広海** 人も同じよ。執着しない、期待しない。

セックス・アンド・ザ・シティの新章『AND JUST LIKE THAT...』のセカンドシーズン観た？　最終話が本当に素晴らしかったんだけど……（しばらくドラマの感想が続く）。

**深海** ドラマが素晴らしかったのはわかったから！　結局何が言いたいのよ！

**広海** あのドラマにも〝期待することを手放す〟っていうセリフが登場するんだけど、すごくいいキーワードだと思ったの。期待するから、無理したり、背伸びしたり、苦しくなったり、がっかりしたり。だからこそ、それを手放してありのままの相手を、ありのままの現実を受け入れる。それができたときに、自分の人生も人間関係もきっと変わるんじゃないかな。

## 人間関係に疲れたら、いったん、そこから逃げてみる

**深海**　でも、基本的に広海ちゃんは物には執着しないけど、人は手放さないよね。

**広海**　自分から離れることがないからね。人間関係を煩わしく思う気持ちはわかるけど、ぼくは〝いない〟より〝いる〟ほうがいい。誰もいないのは寂しいから。

**深海**　私はそんな広海ちゃんとは真逆。物は手放さずにどちらかというとコレクトするタイプだけど、人は執着せずにサクッと手放すタイプ。
人間関係に疲弊したなら、いったんそこから逃避してみる。まずは一人の時間を楽しんで、心の安定を保つんですよ。一度離れると距離感や密度も変わってくるから、「戻れるな」と思うなら戻ればいいし、逆に「もう無理かな」と思ったら手放したって全然いいと私は思うな。人間関係って、無理して続けていたら自分がすり減っちゃうから。まずは誰よりも自分自身を守ってあげないとね。

Q 他人のSNSがキラキラして見えます。それがうらやましくて嫉妬したり、自分と比べて落ち込んだりしてしまいます……（ちかりん）

# SNSは素敵でも、寝起きの顔はきっとブサイクよ

**広海**　まず、ぼくはこの方に「嫉妬なんかしなくていいし、落ち込む必要もない」って言いたい。だって、あんなの嘘だから!!　そもそも、SNSなんて見せたい部分、見せてもいい部分だけを切り取った世界なんだから。そりゃ、誰が見ても素敵なはずなんですよ。

あれはあくまでも〝切り取った理想の世界〟。その人のリアルは切り取っていない世界にこそあるわけで。例えば、寝起きの顔は私たちと同じでとてもブサイクかもしれないし、休日はパジャマのままカップラーメンをすすりながらネットフ

リックスを見ているかもしれない……。「うらやましい」と嫉妬してしまいそうなときは、そのＳＮＳに映っていない部分の想像を膨らましに膨らませてこころを落ち着けてもらいたいよね。

**深海** それは本当に同感。私たちのインスタだって同じですからね。映ってない部分はもう汚いものだらけ！

**広海** リアルな私生活なんか見せちゃったら、垢ＢＡＮされちゃうから（笑）！

**深海** 飛行機に乗るときも、ビジネスクラスの広い足元をさりげな〜く撮ったりしてるけど、あれも完全に狙って撮っていますし。ファーストクラスの座席に涼しい顔して座っている写真だって、ＣＡさんにお願いして何十枚って撮ってもらった中の一枚ですからね。

**広海** 「元とらなきゃ!!　もっといい写真を!!」って必死になっちゃって（笑）。

**深海** でも、たまには自慢したくなるこの気持ちもわかってね♡

Q 私には好きな人がいるのですが、LINEをしても返事は遅いし既読スルーされがち。完全に脈ナシな予感です……。こんなとき、お二人ならどうしますか？（Y・M）

## 少女漫画や恋愛ドラマの見過ぎです

**広海** ぼくだったらガンガン追いかけちゃうな。そもそも、脈アリとか脈ナシとか考えない。相手から連絡が来なくても自分が連絡したかったらしちゃうし。そして返事を待たずにどんどんＬＩＮＥも送っちゃう。既読にならなくても送り続けちゃう（笑）。

**深海** 世の中には単純にＬＩＮＥやメールが苦手な人だっているし。単純に忙しくて返事ができないだけかもしれないし。連絡の頻度やペースは人それぞれだしね。

**広海** そうそう。どんなに相手の気持ちを想像したところでそれは想像でしかないわけで、相手の本当の気持ちなんて本人に聞いてみなくちゃわからないじゃない？

**深海** 私、これはもう少女漫画や恋愛ドラマのせいだと思うんですよ。それらを見て私たちは育ったせいで「駆け引きをしなきゃいけない」と思い込んでしまっているんですよね。

**広海** そして、「先に連絡をしたほうが負けだ」と勝手に待ち続けたり、「このLINEの返事はどういう意味？」と深読みしては喜んだり、落ち込んだり……。でも、その想像が誤解である可能性だってあるわけですからね。だから、私は自分の気が済むまでアプローチする。そんな自分を受け止めてくれないのならば、二人一緒にいても幸せになれるとは思えないしね！

Q

**私たち夫婦には子どもがいません。「仕方のないこと」と受け入れているのですが、周りからは気を遣われたり、勝手に憐れまれたり……。たまに疲れてしまいます。お二人は子どもがいないことについてどう思いますか？　（るいまー）**

# 「いる幸せ」だけでなく「いない幸せ」もあるんです

**広海**　もちろん、子どもがいることはとてもハッピーで素敵なことだと思います。だからこそうらやましいと思う瞬間もあるだろうけれど、子どもがいないことがアンハッピーとも思わない。だって、そこにはそれぞれの夫婦のいろんな理由が存在するわけですし。

多様性が浸透している世の中、「子どもがいて幸せ」な人もいるし、「子どもがいなくても幸せ」な人もいる。いろんな幸せのカタチが絶対にあるはずだから。

**深海**　多くの人が〝産まなかったこと〟や〝産めなかったこと〟に対して罪悪感に近

しいものを感じているのかもしれないよね。だからこそ、子どもがいないことイコールいけないことのように感じてしまったりして。ゲイである私だって、子どもが欲しいなと思うこともたまにはあるし、産めない劣等感を抱くこともある。そんなネガティブな気持ちに引っ張られそうになったとき、私はどうしているのかというと、想像するようにしています。飛行機の中で泣きわめく子どもや、レストランで大騒ぎしている子どもの姿を（笑）。そうすると「子どもがいないのもいいかもしれない」と思えるから（笑）。

**広海** それは子どもに限らずパートナーも同じだよね。シングルの人からすると、結婚していたり、恋人がいたり、パートナーのいる人のことをうらやましく思うけど、旦那や恋人の愚痴を聞くとちょっと安心するというか。「一人のほうが自由に好き勝手できていいな」と思えたりして。

**深海** 「いる幸せ」もあるけど「いない幸せ」だってある、それはすべてにおいて同じ。ただ、子どもに関してはみんなセンシティブになっちゃうのよね。それはきっと、「子どもがいなくてかわいそうね」って勝手に憐れむ人がいるからだと思うんですよ。何も事情を知らない人に憐れまれたくなんかないじゃない？　そんなの許せないじゃない？

だからね、そんなときはこっちから憐れんでやればいいんですよ。「子どもがいてかわいそうね」って。

**広海**　深海ちゃん、みんながみんな、そんな悪い人じゃないからね。その偏った発想は憐れまれたとき限定でよろしくね（笑）。

Q コロナ禍以降、地方に移住する人が増えて、私も考えています。東京でずっと暮らしていた人間が地方で暮らすのは難しいと思いますか？（ゆーちゃんさん）

## 自由度が低い環境に対応できるかどうか、だよね

**深海** 移住先が海外でない限り、私は東京を離れないかな。私の場合、ゲイであるっていうことが日本の地方ではまだまだリスクがあると感じてしまうので。

**広海** でも、それは深海ちゃんの話でしょ。

**深海** そうかもしれないけど、例えば、相談者さんがシングルだったら、若くして結婚する人が多い地方では肩身の狭い思いをするかもしれない。自由度が低いという意味では万人に共通することだと思うんですよ。〝都会〟という他人にあまり干渉されない場所に慣れている状態で、〝地方〟という良くも悪くも他人との距

離が近い環境に突っ込んでいくのは、やっぱり大きな勇気が必要な気がしてしまうな。私はね。

**広海** ぼくは良いことだと思うけどな。コロナ禍で海外渡航が難しくなっていたから、みんな国内に目を向けるようになったじゃない。そこで、「日本にもこんなに素晴らしい場所があったんだ！」と気づく人がどんどん増えて、最近は国内旅行もすごく盛り上がっているんだよね。地方の過疎化が問題視されるなか、旅行にしろ、移住にしろ、地方が盛り上がるのは素晴らしいことだと思うし。

**深海** 私としては旅行と移住はちょっと違う気がするな。

**広海** たしかにそうかもしれないけど……。ぼく自身、将来的には〝三拠点生活〟を目標にしていて。例えば、日本、タイ、L．A．を行き来しながら仕事ができたらいいなって。そんなふうに拠点をたくさん持つ生活も面白そうだなって。そう考えたとき、東京にこだわらなくてもいいなって思ったんだよね。東京にいなきゃいけないような気がしていたけど、そんな必要はないのかもしれない。私たちは東京にこだわりすぎているのかもしれないなって。

**Q** 将来、海外への移住を考えています。海外を行き来しているお二人からのアドバイスが欲しいです。(shinn☆)

## 深海ちゃんみたいな〝腐れ帰国子女〟は禁止

**広海** 先述したように、ぼく自身、リアルに海外移住は考えているのですが、そこで思ったのが「100%海外はちょっとキツイかもしれない」ということなんですよ。例えば、先述した一つの場所に絞らず三拠点で生活するとか。半年とか、数ケ月のスパンで、生活する場所を切り替えていくのはすごくいいなって。

**深海** それはちょっとわかる。私もイギリスに短期留学してみたり、外国人のパートナーができたことで、リアルに海外移住が身近になって。「この人と結婚したら外国に住むのかな」と考えたときに思ったのが、同じく「100%海外はちょっとキツイかも」だったんですよ。そこでしか生きていけなくなることが、ちょっと怖く感じるというか……。

**広海** そうなのよ、住むと言っても、そこはやっぱり外国だから。日本人として育ってきた自分が、今からアメリカに住んで100％アメリカ人になるのは、やっぱりちょっとしんどいじゃない。だからこそ、いくつかの国に拠点をおいて、30％アメリカ人、30％タイ人、40％日本人くらいで生きるバランスがちょうどいい感じがするんだよね(笑)。

**深海** でも、一般的な会社勤めをしている人には、広海ちゃんみたいな生き方はとうていできないよね。

**広海** だから、これはあくまでもぼくの主観ね。
海外移住したい人にアドバイスをするならば、「日本の素晴らしさを理解したうえで、外国に行きたいのならば賛成」という言葉かな。すぐに「イギリスだったら〜」と比べたり、「日本は〜」とディスったり、深海ちゃんみたいな腐れ帰国子女は本当に嫌(笑)。

自分のルーツやアイデンティティもちゃんと愛して大事にしてほしい。それは海外でもとても大切なことだと思います。

**深海** 外国に住みたい人は、外国の文化を吸収したい人だから、どうしても日本と比べちゃうのよ！

**広海** でも、日本だって優れているところがたくさんあるんだからね！
今度、腐れ帰国子女を出してきたらお味噌汁禁止だから！　緑茶も二度と飲ませないからね！

Q 人を許すことができません。「嫌だな」と感じた瞬間に相手をシャットアウトしてしまいます。どうしたら人を許せますか？（SUU）

## 「好き」も「嫌い」も相手に執着している時間が地獄

**広海** ぼくはどんなことをされても何も思わないかな。そりゃあ、イラッとすることはあるけれど、すぐに忘れちゃう。根に持つってことがあまりないから。そもそも「許す」とか、「許さない」とか考えたことがないのかもしれない。

**深海** 広海ちゃんは〝嫌われたくない人〟だからね。私なんて、「あ、もう無理かも」と感じた瞬間にこころのシャッターを閉めて相手をシャットアウト。周りからするとそれは「許さない」に見えるのかもしれないけど、そうではなくて。「許す」「許さない」の前に「なかったこと」にしてしまうんですよ。

「嫌だな」と感じた人や出来事のことを考えるだけで、ネガティブな感情に囚われてしまうから。

**広海** 深海ちゃんは〝臭い物に蓋をする〟感じよね。

**深海** 世の中にはこんなにもたくさんの人がいるから、この先も多くの人に出会うと思うんですよ。なのに、その中の〝たった一人〟の登場人物にこだわって、「嫌い！」「許さない！」とマイナスな感情で振り回され続けるのは不健康だなって思うので。だったらもう、「忘れちゃえばいいんじゃない？」って。

**広海** 深海ちゃんがこころのシャッターを下ろすとどうなるの？

**深海** その人が自分の中からいなくなり〝知らない人〟になります。ＬＩＮＥが来てもスルーだし、もしも偶然会ったら普通に話すけど、自分からは接点を持とうとはしないかな。

**広海** それ、ぼくはできない！

**深海** そりゃあ、私だって気まずいわよ。でも、「嫌い」と思い続けるほうがしんどい。恋愛も同じでしょ。自分が相手に執着している時間が一番の地獄なんだから！

Chapter 3

# 人生ブン回していくわよ

CAREER

仕事、転職、留学etc.

# 向いている仕事は人それぞれ。全員ができる仕事なんてない

## 18

**仕事でミスばかりしてしまう**

社会人2年目ですが、仕事のミスが多くて、先輩や上司に迷惑ばかりかけています。絶対に迷惑をかけたくないというプレッシャーやミスをしたときの落ち込みから、会社に行きたくないと思ってしまうことも……。もしかすると、この仕事が向いていないのかもしれません。こんなふうに仕事で落ち込んだとき、どうやって自分の気持ちを高めていけばいいと思いますか？

――カルパッチョ（19歳）

―深海

そもそもみんなが、今就いている仕事が向いているなんてことはないはず。だから、今は仕事でミスばかりしていたとしても、それってそんなにダメなことや悪いことではないと思うんです。あまりにもミスが続くようなら、それは単にあなたにとって苦手な仕事や合わない仕事だってだけ。だったら、その苦手なことを無理に頑張り続けるんじゃなくて、

**自分に合う仕事を探してみるのもいいんじゃない？**

私も、過去に本当に「向いていない！」って思った仕事があったの。それは大手通販サイトの工場の荷物出荷のアルバイトだったんだけど、仕分けがとにかく雑で、細かいことが苦手だからたくさんミスするし、死ぬほど怒られてた（笑）。それで、「この仕事は私に向いていないから、違うことをやろう！」って思い至ったんです。そこで、まったく別の職種の飲食店のアルバイトを始めたら、接客

やサービス業が私に向いていたのかすごく上手くいったの。だから なのか、結構その仕事は長続きしたかな。

人って性格も価値観も様々だから、みんなが同じようにできる仕事なんて、絶対に存在しないはず。足の速さが一人ひとり違うように、人それぞれ向いている仕事だって違って当然。日本の社会って、全員が足並みを揃えて完璧にやらないと、なんて思ってるけど、それ以外の道や選択肢があることを忘れないでほしいと思います。

仕事って、起きてしまったことに対して「次は、こうやってみよう！」っていうトライ&エラーのくり返しなんだよね。それでもミスが起こるようならその職種が向いていないだけ。

私の場合は時間やスケジュールの管理がまったく向いていないんだけど、「苦手なら、他の人にお願いしよう」ってアウトソーシングするのも一つの手だと思います。そこまで工夫して無理なら、迷わず転職を考えてみて！

とはいえ、まだあなたは若いし落ち込んでしまうのもよくわかる。だから、その対処法としてカラオケでも映画鑑賞でも、何かしら自分の気持ちを上げるための手段をいくつか用意しておくといいかもしれません。

とにかく、

**一日を嫌な気分のまま終わらせないこと。**

って、偉そうに話してるけど、私もできないことだらけだから（笑）。

ちょっと待って！　あなた、私のアドバイスをメモにとってるの!?

でも、ありがとう♡

あなたはとっても真面目そうだから気楽に、気楽によ！

# 自分の〝好き〟を突き詰めてみて

## 19

### SNSで稼ぎたい！

今、将来について悩んでいます。リスクは承知の上ですが、自由で魅力溢れる広海さんと深海さんの生き方や、大好きなYouTuberに憧れて、できれば就職はせずにSNSで稼げるようになり、多方面で活躍できる人間になりたいと思っています。ただ、ファッションやサッカーが好きなものの、何かで特別な賞や評価を得たことなどはありません。親をどう説得すればいいでしょうか？　また、広海さんがSNSをどう使いこなしているかも知りたいです。

——koto taku（22歳）

あなたとっても若いのね!!　まずはあなたの好きなＹｏｕＴｕｂｅｒさんを教えてね。エラそうには言いたくないけど、ＳＮＳで稼げているのかどうか、マーケティングの目線で見てみるね。（しばしＹｏｕＴｕｂｅを見る）……この人たち、登録者数が20万人くらいなんだね。厳しく聞こえるかも知れないけど、はっきり言います。この規模では、ギリギリ食べていけるかどうかだと思います。本当に良くも悪くも、現実はＳＮＳで稼げる人って一握りなんだよね。

ぼくと深海ちゃんなんてフォロワーさんは8万人（２０２３年12月時点）くらいなんだけど、ぼくはデジタルマーケティングの会社をやっていたり、深海ちゃんもスタイリストで、かつ自分でブランドを運営していたりと、本業とは別の軸を持っている。これってすごく大事なことなんです。理由は、〝付加価値〟が高くなるから。

つまりね、「この人をフォローしたら○○に詳しくなるかも」「いい情報をもらえるかも」って、なんらかのメリットを与えられるスペシャリストは需要が絶えないんです。

だから今、ただフォロワー数が多いだけの人って、正直どんどん淘汰されていってる気がする。やっぱり何かその人のメインとなるものがあって、それを発信している人、そこを軸にインフルエンサーになる人のほうが強いんです。でも、今の時代の流れは速いからそれだってそのうち変わるかもしれないけどね。

ぼくは

**「得意なもの、好きなものを紐解いて仕事にするといい」**

ってアドバイスされたことがあって、それで今の仕事をしているんだよね。人とコミュニケーションをとってマネージメントすることが好きだったから。まあ、得意とは言えないけれど、すごく好きだったの。だから、例えば、あなたの好きなサッカーってチーム戦だから「自分はコミュニケーションが好きなのかな」というように、今はあなたの〝好き〟を紐解いてみてほしいと思うんです。

まだ20代前半でこれから長い人生だし、

**嫌いだけどお金が稼げる仕事より、たくさん稼げなくても好きな仕事を見つけるほうがいい**

と思うんです。

ただね、〝SNSだけ〟ってなると超むずい（笑）。とりあえずSNSのマーケティング会社に一度インターンで入ってみて、自分のやりたいことの戦略的なディテールが見えてくるようになるとこの先の強みになるんじゃないかな。一度そういう会社に就職して、社会の常識を学んでおけば親も納得するだろうしね。

別に、頭ごなしに就職しろとは言わない。でも、これはあくまでぼくの経験談だけど、就職しないと一般的な社会常識を学ぶタイミングがなくて、恥をかくことってあるんだよね。だってぼく、仕事を始めた頃なんて「拝啓ってどういう意味？」「メールのＣＣって何？」って思いながら働いてたから、ずいぶん苦労しました（笑）。

だからまずは、ＳＮＳ発信と並行してインターンなり、就職するなりやってみて、軌道に乗ったら「好きなこと」一本に絞るっていうのもありだと思う。自分が得意なこと、興味を持てるものからチャレンジしてみて！　まだ20代なんだからじっくり考えてみて。

大学生活も楽しみつつ、頑張ってね！

# チャレンジすること自体がとっても素敵！

20

語学力ゼロで海外へ移住することに

今年、ドイツに移住することになりました。しかも、語学力ゼロのまま10年積み上げたキャリアを捨てて、未経験の職種に就きます。ところが、移住する理由の一つだったドイツに住む日本人の彼から、このタイミングで別れを切り出されてしまいました。仕事というチャンスは掴みましたが、年齢的に周囲がみんな結婚していることもあり、これが本当に正しい道なのか、考え込んでしまうことも。前向きに踏み出すための後押しが欲しいです！

――Namizm（36歳）

一深海

年齢のこととか周りがみんな結婚しているとか、あなた、**日本の呪いにかかっているわけね。**

つまり、「この歳でフラフラしていて、私って大丈夫？」って頭に浮かんでいるんですよね？　結婚こそが安定という概念にとらわれているだけ。

でも、むしろ人生なんて、落ち着くことなくずっと何かにトライし続けている人のほうが絶対に成長できるし、素晴らしい経験ができると思うんです。

ドイツ行きが決まったタイミングで別れを切り出すなんて、私ならその彼にムカついてしまうかも。こうなったら、彼は〝繋ぎ〟にしておいて、ドイツ人のかっこいい男性をつかまえるのはどう（笑）？　もちろん、ドイツに行ったら彼にも会うことになるでしょうし、いろいろあるかもしれないけれど、そこは気持ちをいったんニュートラルにして遊ぶ、くらいの気持ちでいいかもね。

恋愛って、予期せず出会ってしまう事故みたいなもの。またいつか「この人と恋愛したい！」って思える人が、きっと現れると思う。これからの人生についても、あなたが気持ちを正直に話しても受け入れてくれる人が、私を含めて必ず何人かはいるんだから、あまり悲観しないでね。

それにしても、ほとんどの人が「怖い」って怯《ひる》んでしまうような、海外移住や未経験の仕事にチャレンジしようとしているんだから、あなたって本当にチャレンジャーで素敵！　普通の人の二倍は人生を楽しめていると思います。

私もイギリスに短期留学、いや遊学したけれど（笑）、住むとなると語学も旅行のときのようなノリだけではダメで、自転車と同じようにペダルを漕ぎ続けなければいけないんです。ちょっとでも休もうとするとバタンって倒れちゃいそうになるから、**自分のペースを掴んでゆっくりでも漕ぎ続けるといいと思う。**

あと、不純な動機かもしれないけど個人的に思うのは、やっぱり彼氏を作ったほうが語学の上達が早いということ♡

初めての仕事だって、もし嫌だったら辞めて帰ってくればいいだけの話。私は、**チャンスに飛び込むこと自体がとても大切**だと思うから、あなたのことをリスペクトするし、応援してる。何より、言葉が通じなくても世界共通で大切な「チャレンジする人は素敵」だと思わせる力を持っていると思う。絶対に大丈夫！

私がベルリンに行ったら、一緒に遊びましょう！

# 自分の悩みを他人の悩みに置き換えてみて

21

**これからの生き方が不安**

最近、アパレル業界からジュエリー業界に転職したのですが、職場では威圧的な同僚の雰囲気に萎縮するばかり。やっかみなどもあり人間関係も上手くいかず、結果、辞めることにしました。アラフィフという年齢を考えると次の転職も難しいし、これからの生き方が不安でたまりません。いったいなんのために生まれてきたのだろうとまで考える始末。独り身で老後も心配だし、このままでは闇に落ちてしまいそうです。

――yuriantty（49歳）

—広海

年齢的にも今後のことが不安な気持ちはわかるけれど、あなただけではなくて、みんな同じような悩みを抱えて、同じようなことを考えているんじゃないかな？　ぼくもふと「なんのためにこんなに一生懸命働いているんだろう？」って思うこと、よくあります。いつか、そんなこと考えなくなるのかと思っていたけど、お金を稼げるようになっても、彼氏がいても、全然考えちゃうんだよね。でも、ネコズがいるし、仕事もあるし、友達もいるし……って考えて、ギリギリこころが闇落ちしないところを生きているんです。これ、みんなも同じなはず。だから、そんなに深く考え込まないで、まずは**「それほど大したことじゃないんだ」っておおらかに、落ち着いて、冷静に一つずつ考えていきましょう。**

そう、自分のことを客観視してみるの。

ぼくの場合は、悩みがあるときはスマホにメモするようにしてる。

文字にして見える化すると「オッケー！　こういうことに悩んでいるんだ」「じゃあ、どうしようか？」って、一つずつ対応して処理することができるんだよね。ポイントは、

**その悩みを「他人の悩み」くらいに思ってみること。**

ほら、ぼやっとした不安って自分自身だとどうしても大きく見えちゃうからね。だから、他人事だと思って考えてみると、意外に一つひとつの悩みが大したことじゃないってわかるし、悩みが案外小さいって気づいてスッキリするんですよ。

あとね、どうせ生きているのなら悩んでいる時間がもったいない、って思わない？　少なくともぼくは、そのまま立ちどまって時間を消費するよりも、ハッピーな状態でいるほうが絶対にいい。

**誰にでもいつかは死が訪れるんだから、**
**それまで幸せな時間が少しでも長いほうがいい**

と思ってる。

だから、漠然とした不安でどうしようもなくなったときは、ぼくよりも状況や環境が大変そうなドラマや映画を観て、いったん泣いてみるんです。そうすると、泣きながら「なんか、こんなことで悩んでいてごめんなさい。ぼくも頑張ります」ってなるから（笑）。


これは、悩んでいるときのぼくなりの処世術。上を見ても下を見てもキリがないけど、あくまでぼくの場合は、そうすることで「自分は自分！」って、幸せになる方法を考えられるようになるんです。

だからまずはとにかく焦らずに、あなたなりのペースで次の仕事を見つけていくのよ！

# ゴールさえ決めれば動き出せるはず！

## 22

### 留学したいけどお金がない

今、奨学金を返済中ということもあり、なかなかお金が貯まりません。夢だった保育士は給料が理由で辞めてしまい、今は岐阜県で工場勤務をしています。姉がキャバクラで働いていたので、自分もお金のためにスナックで働いてみましたが、性に合いませんでした。でも、海外に行ってみたいし、いつか留学もしてみたいんです！　どうしたら、今の中途半端な状態から抜け出すことができると思いますか？

――Ｒｅｎａ（25歳）

―広海

奨学金って大変なのよね。人によって金額は違うだろうけど、たしか５００万円くらい返さないといけないんじゃない？　でもね、ぼくもあなたと同じ25歳くらいのとき同じくらいの借金があって、しかも奨学金ではなくてリボ払いで積み重なった５００万円だから、月々の返済が13万円くらいだったの。ムリムリ、ほんとーに大変だった！　返済に死にものぐるいの生活よ（笑）。

それで、お尻に火がついて初めて、どうにか返済しないといけないって今の仕事を始めたんだよね。つまり、**極限まで来て「なんとかしなきゃ」って思えば絶対になんとかなるから大丈夫！**

とにかくね、まずあなたは岐阜から出て、名古屋か大阪、東京に行きなさい！　同じスナックでも、お給料のいい都会のスナックで、ちゃんと「お金を貯める」という目標を「期間限定」と割り切って働けば、意識も行動も全然違ってくる。いろいろな課題を乗り越えるパワーも湧いてくるはずよ。一人が怖いというなら、いっそのことお姉ちゃんも道連れよ（笑）。

海外に行く選択肢としては、一番のおすすめはワーキング・ホリデー。留学はお金がかかるし、ぼくがあなただったら、とりあえず働きながら語学も学べるワーホリを選ぶと思う。もちろん面接もあるし、そもそも年齢制限もあって抽選の制度ではあるけれど、25歳のあなたにしかできないことなんです。後になって「やっておけば良かった」なんて後悔しないようにね。

**明確なゴールさえあれば、あなたも頑張れるはず。**

だから、もう、申し込んじゃうのよ！

それに保育士の資格は持っているのよね。英語が話せる保育士さんやベビーシッターさんって、とっても需要があって高給取りになれるの。夢だった保育士という仕事を活かしつつ、英語も喋れたら完璧だと思わない？

そんなふうにゴールを決められたら、語学を習うお金を稼ぐための「期間限定」のスナックもいけると思うんだよね。でも、無理に勧めているわけじゃないからね（笑）。

とりあえず、きっとワクワクする作業だと思うから楽しみながらいろいろ調べてみてほしい。今始めたことって、5年後や10年後、きっと100倍くらいになっているはず。

夢があってやりたいことがあるならお姉ちゃんを巻き込んでとりあえず岐阜から出て、頑張るのよ！　そして、岐阜の話ばかりでごめんなさい。でもほら、ぼく岐阜県より何もない三重県の伊勢志摩出身だから、身近に感じてるの。許してね（笑）。

# 子育てだって立派な社会人経験よ！

23

**働きたいけど、社会人経験が少ない**

高校生二人の子を持つ、シングルマザーです。複雑な経歴なのですが、10代で妊娠出産。その後、夫のDVなどもあり、自治体に保護され、今はなんとか普通の生活を送っています。保護された後、鼻骨骨折、頚椎症、PTSD、パニック障害、双極性障害と診断されて治療をしてきましたが、学歴もなく、こころの不調もあって働けない時期も……。34歳の今、ようやく安定しつつあるのですが、社会人経験が少ない、現住所と住民票が一致しないなどの事情もあり、「一生アルバイトしか道はないのか？」と絶望しています。たくさんの人を見てきた広海ちゃんからアドバイスをもらえたら嬉しいです。

——COCO（34歳）

—広海

社会人経験が少ないことを気に病んでいるみたいだけど、ぼくはそうは思わないな。だって、あなたはお子さんを出産して、10年以上もちゃんと育ててきたわけじゃない？　子どもを育てる中で社会と触れてきたはずだし、それって立派な社会人経験だと思うんです。だから、そこで引け目を感じる必要なんて、絶対にない！

ぼく自身もＡＤＨＤだし、こころの安定なんていつもあるわけじゃない。

そんなぼく自身も感じていることだし、こころに不調を抱えている知人を見てきても思うことがあるんです。そういう人たちってみんな自分で自分の可能性を狭めてしまう傾向があるんじゃないかなって。だから、あなたもどうかそんなふうに自分を否定したり、消極的に考えないでほしいんです。

ぼくも中学までしか卒業してないし、貧乏だったたし、何か人より秀でたところがあるわけでもない。今だって自分に自信がないからあなたの気持ちはすごくよくわかります。せっかく人から褒められても、「この人本当にそう思ってる？　どうせお世辞でしょ？」って思ってしまうくらい実はネガティブだし。でも、そんなぼくでもちょっとしたことで、成功体験を積み重ねていくことはできたんだよね。

あなたの場合は、それが子育てなんじゃないかな。そもそも、子育てって絶対に仕事よりも大変で、最強だと思うんです。生身の人間を育てるのよ。仕事はやらなくても死なないけど、子どもは育ててあげないと命に関わるから。だから、

**お子さんを高校生まで育てあげていることは、あなたにとって一つの成功体験**

なんです。

それができてるんだから、きっと仕事だってできるはず！

それでも自信が出ないって気持ちもわかる。

でも大丈夫、ぼくだって自信なんてないまま、目の前にあることに、ただただまっしぐらに一生懸命やってきただけ。たまに講演会とかに呼ばれることがあって登壇するにはするんだけど、そのたびに「なんでぼくがこんなこと、偉そうに話しているんだろう？」って思いながら喋っているの（笑）。だから、お金が稼げるようになってもマインドは結局は変わっていないんです。

ただ、別に

**ポジティブにならなくてもいいけど、**
**無駄にネガティブになる必要もない**

ということだけは伝えておきたい。

ぼくとかあなたみたいに物事を少しネガティブにとらえるタイプって、

**「こうなりたい！」ではなく、**

**「こうなりたくない」を強く意識していく**

といいと思います。ぼくも「こうなりたくない」だけを絶対的に守っていたら、自然と本当にその通りになっていったと思う。


というか、あなた34歳よ？　同世代じゃない!!

まだ十分若いはずだから（笑）、全然大丈夫。

まずは「こうなりたくない」という消去法でもいいから、少しずつ前に進んでみてください！

# 自分自身を慈しんであげて！

24

**出産を機に退職、今の自分に自信が持てない**

以前は小学校の教諭として充実した毎日を過ごしていたのですが、出産を機に退職しました。今は育児と家事に追われる日々を過ごしています。自分の子どもはかわいいけれど、育児をしていると要領よく時間を使えないし、働いている友達と比べてしまい、自分の価値が下がっているように感じることも……。どうしたら、以前のように自信を持って充実した毎日を過ごすことができますか？

——あっちゃん（36歳）

―深海

きっと育児休暇を取っている人は、少なからずみんな自信が持てなかったり、「このままでいいのかな？」って悩んだりするんじゃないかな。時短で仕事をしていたとしても、同じような気持ちに陥ることだってあるだろうし。

そもそも育児って、ある意味人生でもっとも最強な仕事だと思うんです。たしかに正解が見えないし、成果が感じられないことも多いかもしれない。でも、人生を捧げられる存在がいるって、ちょっとうらやましいかも。

ネコと一緒にしてはいけないかもしれないけど、私たちは猫のグリちゃんタオちゃんと一緒に暮らしていて、二匹とも家族には違いない。でも、寿命があるからきっと私たちより先に旅立ってしまうだろうし……。

つまり、歳をとった私にはキャリアくらいしか残らないんです。

周りの人と比べて落ち込んでしまう気持ちもよくわかる。友達が出世したりすると、「私はそのキャリアの道を選ばなかったから」って思っちゃうよね。でも、あなたはまだ子どもが産まれたばかりで、育児のハードな生活で疲れ切っている時期だと思うんです。もう少し子どもが大きくなって心身にも時間にも余裕が生まれたら、もう一度働くことだってできるだろうし。だから、今はあまり落ち込まないで。

とはいえ、本人からしたら一大事ですよね。私の話をすると、今のスタイリストの仕事を始める前に芸能界にいたとき、何もかも上手くいかなくて、人生の方向性を見失って、とてもつらい時期があったんです。そんなとき、私は好きな本を読むことを習慣にしていたの。それも、ほんのちょっとだけ、一日一ページとかね。でも、その一ページ分だけ賢くなれた気がしたし、今思えば、そう思い込むことで、こころが壊れないように自分を守っていたんだと思う。

だから、今は「何かを頑張る！」ではなくて、こころが壊れないように自分で自分をサポートしてあげられたら、それで十分じゃないかな。そもそも、誰もがみんな何かしらで悩んでいるはず。年配の方も若い子も、みんな平等にね。「このままでいいのかな～？」って悩むのが人間だから、今の自分をそれほど悲観しなくても大丈夫だと思います。

あとは一つ提案したいのは、「悩んだときはこれ！」ってアクションを決めておくこと。

私の場合はサウナとかマッサージ、それから旅行。

**そういう気分を上げられて、どん底まで落ちないための対策法をあらかじめ決めておく。**

そうすると、助けられることがあると思います。子どもがいたら旅行どころじゃないだろうから、自分で足ツボマッサージをするとかって、どう？　自分を労わる行為って、自分を大事にしていることとイコールだと思うから。

それから、お子さんや旦那さんにとって、あなたは必要とされている大切な存在だってことを忘れないでほしいです。

**「誰かのために」ではなくて「自分のために」。まずはあなた自身が自分を慈しんであげてみてくださいね。**

次のページからは
また2人でお悩みに
答えていくわよ♡

Q 容姿にコンプレックスがあって自信が持てません。どうしたら、自信を持つことができるようになるのでしょうか?(かおりーぬ)

## 海外で多種多様な人種の中に混ざってしまえば外見のコンプレックスなんて小さなものに思えてくる

深海　コンプレックスを持ちたくないのなら日本にいないほうがいいと思う。

広海　出た出た〜、イギリス留学帰りの腐れ帰国子女・深海。

深海　いいから、ちょっと聞いて!!　日本で暮らしていると、肌や瞳の色の違いってあまり気にならないですよね。でも、外国に行くと肌の色も、髪の色も、瞳の色も様々で、本当に多種多様な人たちが街を歩いているんですよ。だからこそ、相手と自分を比べるということ自体がないというか。違いが見えやすいからこそ、お互いにそれをそのまま受け入れることができるんですよね。

**広海** たしかに、海外ではその許容は生まれやすいよね。

**深海** でも、日本だとそれほど外見に大差がないから、少しの違いにみんなが敏感になってしまう。美の定義がすごく狭くなってしまうんですよね。一度海外で生活してみると、今抱えているコンプレックスって小さなものに思えるかもしれない。

**広海** それはわかるけど、今すぐに海外に移住できるわけでもないし、「ハイ、日本国民のみなさ〜ん、視野を広げましょ〜」って急に変えられるものでもないじゃない。髪形とか体型とか努力して変えられるものは変えてもいいと思うけど、なかにはどんなに頑張ったところで難しいものもあるし。
例えば、ぼくでいうと身長とかね。今でも「もっと身長が高かったらな」と思うことはあるけれど、そんなの一生変わらないから、そこはもう「オッケー！　来世に期待」って考えることにしてる。

## 大切なたった一人からの「素敵」があればいい
## そもそも、全員からの「素敵」なんていらない

**深海**　そもそも、コンプレックスって、「人気の女優さんみたいな顔になりたい」「モデルさんみたいな体型になりたい」という思いから生まれると思うんですよ。でもさ、みんなから「良い」と思われたいって、どれだけビッチな思考なのって思わない？　私、モテたいとか、人気者になりたいとかいう願望を聞くたびについつい思っちゃうのよね。「あんた、一体どれだけの人と寝るつもりなの⁉」って(笑)。

**広海**　たしかに(笑)。一人の人に愛されれば、それだけで人生は幸せなはず。好みなんて人それぞれ違うんだから。今の自分が持っていないものはやっぱり、「オッケー！　来世に期待(笑)」って考えればいい。
今の自分が持っているものを大切にしてほしいなって思うよね。

Q 自然災害、戦争、ミサイル発射……。不安なことだらけの世の中、メンタルが揺らいでしまいがちです。お二人は不安なニュースを見たときのメンタルの保ち方はどうしていますか？（翔んでるナース）

## 急に不安になるのは「近所」で事件が起きているから

**深海**　また帰国子女感出しちゃいますけど、海外に行くと「日々、世界ではいろんなことが起きているんだ」ということを痛感するんです。日本はあまり世界の情報が入ってこない傾向があるけれど、私たちが知らないだけで世界のあちこちで戦争や紛争が起きている。イスラエルとハマスの戦争も大きな攻撃があったから最近はよくニュースで見るけど、それまで、そこが揉めていることすら知らなかった人がきっと大勢いて。そういう〝私たちの知らないニュース〟が世界中に存在するんです。つまり、何が言いたいのかというと「そん

広海　なに不安にならなくても大丈夫、今に始まった頃じゃないから」ということ。ウクライナとロシアや台湾有事など、最近は日本の近くでいろんなことが起きているから、私たちは「急に世界情勢が不安定になった！」と急に怯えた気持ちになる。以前から世界中のあちこちでいろんなことが起きているんだよね。

深海　本当にそう。自分の近場だけにフォーカスしちゃっているだけなんです。

## 何もしない、何も考えない、だから怖いんです

広海　『FACTFULNESS（ファクトフルネス）　10の思い込みを乗り越え、データを基に世界を正しく見る習慣』（日経ＢＰ）という本を読んだ？　タイトルにあるように、データにもとづいて真実を語る統計学の本なんだけど、この本を読むと、世界のリアルが見えてきて、自分がどれだけ思い込みで生きてきたのかがわかるんです。

そこで、ぼくが感じたのが真実を知ることの大切さ。温暖化、戦争、感染症、人口問題、貧困、エネルギー……。なんとなくボンヤリと世界の出来事を眺めていると、不安に感じることや、怖いと思うことがたくさんあるけど。それって、その正体や真実がよくわからないから怖く感じてしまうだけなんですよね。

何が起きているのかをちゃんと知ると、自分はどうするべきなのかリスクヘッジを考えることができて、それが自分の不安を和らげてくれると思うんです。

**深海** 私ね、震災や自然災害が起きたときは寄付をしたり、自分のできることをしているの。それはもちろん、被災地にいる人たちを援助するためなんですけど、未来の自分の安心材料にもなるんです。自分が行動を起こすことで、「大丈夫、いつか自分に何かが起きたときもきっと同じように助けてくれる人がいる」って思えるから。

**広海** 何もしない、何も考えない、だから怖い。それは世界情勢だけでなく老後とかも同じよね。怖いのなら、未来に必要なものが何なのか考えて準備をすればいいわけで。ソファの上に寝転んで、暗いニュースばっか見てちゃダメよ（笑）！

Q
**恋愛する人が大半の世の中ですが、私は恋愛に興味がありません。恋愛しなきゃダメだと思いますか？　(ayako777)**

# 「恋愛しなくても良くない？」が80％「恋愛を試してみてもいいんじゃない？」が20％

**広海**　恋愛なんて絶対にしなくたっていいんだから。一人が楽しいなら「それでいいんじゃない？」ってぼくは思います。

**深海**　私もその意見にほぼ賛成。「恋愛しなくても良くない？」が80％。残りの20％は何かというと、「恋愛を試してみてもいいんじゃない？」なんですよ。意見をすり合わせなきゃいけないし、相手の気持ちに寄り添わないといけないし、赤の他人と一緒に過ごすってなかなか大変。めちゃくちゃ面倒なんですけど、だからこそ、自分が少し成長できた気持ちにもなれる。人間、自分一人で成長するのには限界があるというか、内側ではなく外側からの刺激もやっぱりすごく大切ですから。そういう意味では、恋愛ってすごく自分にとってプラスになると思うんです。

**広海** 現在、深海ちゃんは外国人の彼とお付き合いしていますけど、あなた成長しましたか？

**深海** まず、相手が外国人だからそもそもの文化やマインドが違うし。それを英語ですり合わせていくのってホント〜〜に大変なの!!　でも、そのおかげで私の英語力は確実に上がっているし、人としても成長しているはず、たぶん(笑)。

恋愛も筋トレと同じです。ちょっと無理している状態のほうが成長できる気がするから。面倒くさくなったり、相手のことが理解できなくなったり、一人に戻りたくなったときはこう考えて乗り越えればいいんですよ。大丈夫、いつかわかる日が来る、「これが未来の素敵な私を作るんだ」って(笑)。

Q

20代の若いやる気のない子との接し方について悩んでいます。二人も若い世代と仕事をすることがあると思いますが、どうしていますか？（グリリ）

# 若い子にだって情熱はちゃんとある
# それを上手くキャッチできるように私たちも変わらないと

**深海**　今の若い子はやる気がないって本当によく聞くよね。でも、これって、私たちが自発的に動くのが良しとされている時代を生きてきただけで、違う時代を生きている今の若い子たちにそれを求めるのは、酷なことなのかもしれないよね。だって、あの子たちは生まれたときからアマゾンが存在していて、ＹｏｕＴｕｂｅにしろネットショッピングにしろ、パソコンやスマホを開けば〝オススメの商品〟や〝オススメの作品〟が出てくる世界が当たり前の時代を生きてきたんだから。そんな子たちに「自発的に動け」と言っても、正直、難しいよね。

**広海** 最近は〝デジタルネイティブ〟と呼ばれている世代から〝SNSネイティブ〟に移り変わってきていて。要は、今の子たちは5歳になったときからiPadを持たされているような世代。小学生の頃からLINEやインスタグラムが普及している世界で生きているから、要はリアルな世界へ発信するのが得意じゃない人が圧倒的に多いんです。

**深海** つまり、彼らには彼らの理由がちゃんとある。だからこそ、私たち世代のやり方を求めるのはちょっと違うのかなって思うよね。

私たちの目にはそれが「やる気がない」ように映るけど、実は若い子たちにだってちゃんと情熱があって、それを伝えるのが上手じゃないだけなんです。だからこそ、私たちもちゃんと時代に合わせて、若い子たちを責めてばかりいないで、若い子たちの思いや熱量のキャッチの仕方を変えていかないとダメなんだよね。

Q

現在40代。もう若返ることはできないので、過去ではなく未来に希望を向けて、「素敵なおばさん」になりたいと思っています。でも「素敵なおばさん」ってどんな人？　お二人が思う「素敵なおばさん」の条件を教えてください！　（れんママ）

## 「素敵なおばさん」とは「エレベーターで挨拶できる人」のこと！

**広海**　自分の中に何か一つ大好きなものがあって、それを熱く楽しく語れるおばさんって素敵よね。例えば、お着物が好き、器が好き、本が好きでもいいし。好奇心は自分の人生をアップデートしてくれますから。好きなものに時間を使える人は「自分をちゃんと慈しむことができる人なんだな」って。それって素敵だなって思います。

**深海**　それはとてもわかる。でも、もっとシンプルに考えてもいいんじゃない？　そもそも「素敵なおばさん」って考えるから難しい気がするだけで、「素敵な大人」として考えれば答えはもっと単純な気がする。例えば、「誰に対しても同じ態度が取れる人」とか……。わかった、あれよ、あれ！

**広海** 「エレベーターで挨拶できる人」よ！

**深海** 何それ、バカっぽくない（笑）？。

**広海** そんなことないよ、意外と少ないんだから！

**深海** たしかに、日本って本当に少ないよね。

また出たわね、腐れ帰国子女発言。でも、それは悔しいけど本当なのよね。密室に無言で閉じ込められても、笑顔で「おはようございます」と言われたほうが気持ちいいし。こっちが〝開〟を押しているのに何も言わずに出ていく人もいるなか、「ありがとうございます」と言われたらそれだけで健やかな気持ちになるし。挨拶やお礼がちゃんと言える人は素敵な大人、これは全世界共通!!

Q　将来のお金のことが不安です。投資を考えていますが、危険なイメージもあり怖くてなかなか踏み込めません！（メタモン）

# 「知っている」と「知らない」が貧富の差を広げていく

**広海**　ぼくね、大人になって不思議に思ったことがあって。それが「なんで、学校は英語とお金についてちゃんと教えてくれなかったんだろう」なんです。

ぼくは中学校までしか行っていないから、高校や大学のことはわからないんですけど、中学校のあの勉強方法では間違いなく英語を話せないことだけはわかるというか。実際に海外の友達からも言われたことがあるんですよ。「日本は義務教育で必ず3年間は英語を勉強しているんでしょう？　なのに、なんであんなに英語を話せないの？」って。学校は私たちに本当に必要なことを教えてくれなかった。
お金の話もその一つで。資産運用を始め、自分のお金をどう守っていくか、老後のために自分はいくら稼がないといけないのか……そういう大切なことこそもっと教えてほしかったなって思うんですよ。

**深海** そもそも、昔は「自分たちが何も知らない」ということすら知らなかったもんね。本当にそう。お金のことをちゃんと考えるようになったのはマキコ（河村真木子）に出会ってからだもんね。つまり、ぼくが言いたいのは「知識と学びは本当に大事！」ということなんです。

**広海** 今でこそ、日本政府も投資を利用した資産運用を推奨しているけど、ちょっと前までは相談者さんのように「投資は危険だ」と思っていた人が山ほどいたし。そんな中、ちゃんと学んで知識を得た人だけが投資を早くから始めて、資産をどんどん増やしていたりするわけで。「知っている」と「知らない」が貧富の差を広げていくんだよね。
だからこそ、将来のお金が不安と感じているのなら、まずは知識を増やすことが大事。

一つ知ると、また知りたくなり、知識が増えていくとニュースの見方まで変わってくる。この間まで、ナスダックのナの字も知らなかったのに、気づけば「ナスダック平均が上がっているな」なんて無意識につぶやいている自分がいたり(笑)。株価に影響を与えるからこそ世界の情勢にもどんどん興味が湧いたりして、

少額でいいから実際に始めてみるといいよね。そうすると、いろんなことが見えてくるから。

**深海**

ただ、ここで一つ私から伝えたいのが「欲深くなるな！」ということ。

お金の仕組みがわかると、同時に、どんどん欲が出てくるからそこは慎重に。「ビットコインが五十倍」とか聞くと「買わなきゃ〜！」という気持ちになるけど、そこにはもちろんリスクもあるわけで。大事なのはコツコツよ！　投資と宝くじは違いますからね！

Q 死ぬのがとても怖いです。広海さんと深海さんは「死」についてどう思っていますか？　二人の死生観が知りたいです！（もくもく）

# 「明日、死んでも大丈夫」という気持ちで一日一日を大切に生きる

**広海**　ぼくたちは両親ではなく祖父母に育てられたから、リアルな死と向き合ったのが同世代よりちょっと早かったと思うんです。死生観って、両親を亡くしたり、自分が病気になったりしないと変わらないような気がする。周りよりも少し早くに〝親〟を亡くしたぼくは、あまり死を怖がらなくなったんだと思う。死は怖いものではなく、誰のもとにも当たり前に訪れるもの、それこそ、病気やアクシデントに近いもので。死ってそれくらい「避けられない、仕方のないもの」に感じる。

だからこそ、悩んだり怖がったりする時間がもったいないというか。

誰でも死ぬし、いつか死ぬし、今日死ぬかもしれない。

だったら「明日、死んでも大丈夫」という気持ちで毎日を楽しく生きたいなって思うんです。

**深海**

目の前にあるものを素晴らしいと思いながら今日一日を楽しく生きる。

私も広海ちゃんのその意見には大賛成です。

ただ、自分ががんを患ったときに思ったことがあって。自分が生きるか死ぬかの状況に立ったとき、人はやっぱり「あれ、やっておけば良かった」と感じるものなんですよね。

〝やったこと〟と〝やっていないこと〟を天秤にかけたとき、前者が少ないときっと後悔が大きくなる。だからこそ私は、日々、やりたいけどやっていなかったことに挑戦するよう意識しています。

好きなことややりたいことにちゃんと向き合って、それをちゃんと実感しながら生きることで、より「明日、死んでも大丈夫」という気持ちで毎日を生きることができるのかもしれないなって思うんです。

Chapter 4

# なんとかなるわよ

MYSELF

自分自身のこと、不安、心身のケアetc.

# 「できるんだ！」って自分を信じるところがスタート地点！

25

努力が続かない

ダイエット、語学に仕事の勉強など、やりたいことはたくさんあるのについ後回しにしてしまい、努力が長続きしません。ちょうど転職活動中で異業種にチャレンジしようと思っているのですが、こちらもなかなか思うように動けず……。さらに、SNSを見ていると、自分以外の人は仕事もプライベートも充実しているようでうらやましく思うことも。オフとのバランスもとりつつ、努力していくためのコツなどはありますか？

——とよみ（30歳）

ー深海

やりたいことはあるのに「あれもできない、これもできない」って思うとつらいよね。私たちも若い頃は「私たちは何も持ってないし、貧乏だし、高校にも行かれへんし……」ってよく悩んでた。でもね、これを解決していくには、他のお悩みの方にも伝えたけど、まずは本を一日に一ページだけ読むとか、語学の勉強を5分だけしてみるとか、努力なんて言葉にはそぐわないかもしれないけれど、**本当に一歩一歩、進んでいくしかないんですよ。**

私だって英語を上達したいけど、なかなか上手に話せない。だから、英語の先生と相談してほんの30分でもいいからレッスンに時間を割くとか、そんな感じで続けてる。最初から全力で努力なんてしなくていいから、とりあえず自分がつらくならない範囲のことを少しずつ進めていくのはどう？ それを続けていると、不思議と自分に自信がついていくんですよ。

そして、自分ができたことをまずは一つずつ褒めていってほしいんです。つまり、

**「できるんだ！」って自分を信じてあげるところがスタート地点！**

周りの人たちが輝いているように見えるんでしょ？　他人のインスタのキラキラしている投稿を見て、「うらやましいな、でも私にはできない……」ってモヤモヤしたりね。そう思うならミュートよ！　基本インスタなんて人に見せられる部分しか出さないんだから。みんなの見栄が集まった世界なんだから、どうかそれだけに騙されないで。

そもそも、みんな見えないところでは切羽詰まってどうにか頑張っているだけだし、あなたと同じように焦っているんです。

**あなたがどうなりたいかを決めるのは、あなた自身。**

他人と比べるのではなくて、「どの状態が自分にとって心地が良いか？」を、まずは探ってみてほしい。そもそも今だって仕事を辞める、転職するということをあなた自身が決断できているんだから、ちゃんと自分を褒めてあげてね。

最近では軽やかな「風の時代」なんて言うけど、要するに今は昔みたいに〝何年も修業を積んで努力しなければホンモノになれない〟って時代じゃないの。石の上に三年もいたら固まっちゃうわ（笑）。やってみてダメなら辞めればいいだけ。

これは、私たちのモットーでもあるんです。

自分のことでたくさん悩んだ時間って、絶対に自分のためになるって私は信じてる。今は苦しい時期かもしれないけど、それがいつか絶対にバネになってあなたのことを助けてくれるはずです。

# 何かを好きになって、幸せになれるって、とっても素敵なこと

## 26

### 美容か、推し活か？

私には「推しのアイドル」がいて、お小遣いでCDやグッズを買っているため、金欠状態が続いています。でも、最近になって自分にもお金を使いたいという気持ちが強くなり、良い化粧水や香水なども買いたくて……。推しと自分、お金をかけたい気持ちが交差しています。どちらを優先させたらいいと思いますか？

――はやとまと（16歳）

―深海

美容か推し活か……。あなたが35歳だったら「美容」って言うところだけど、

**今は「推し」！**

あのね、10代だったらプチプラコスメで十分なの。ドラッグストアで買える数百円の化粧水で十分！　あとね、洗顔も石鹸でゴシゴシ洗うんじゃなくて、１００均で売っている泡立てネットを使うだけで、全然違うからやってみて。

つまり、10代の今は化粧水の値段の高い安いではなくて、丁寧に顔を洗う、丁寧に化粧品をつけるっていう〝使い方〟がポイントなんだよね。お金がないのであれば、たとえプチプラの化粧水でも、丁寧にケアしてあげることで、本当にきれいになるんです。

あとは、年齢的にホルモンバランスの問題もあるから「今の時期、多少ニキビができるのは当たり前」って、逆にちょっと前向きに諦めてもいいかもね。あとは皮膚科で治療するのも一つの手。まあ、美容に関しては、若いうちはお金がなくても工夫次第できれいになるから、ぜひ、試してみてほしいと思います。

まだ若くてなかなか実感することはないと思うんだけど、**何かを好きになって、追いかけて、しかもそれで幸せな気持ちになれるって、本当に素敵なこと！**

私は若い頃「アイドルの追っかけなんて、オタクがするもんだわ」なんて思っていたんだけど、今、大人になってそういうふうに思っていた自分を、すごく反省しているんです。何十年か経ってからそのときの活動を思い出して、「推してたあの子たち今どうしてるんだろう?」って検索するのって、なんか素敵じゃない?って思ったの。私みたいに意地悪な人は写真を見て「思ったよりもおじさんになってる」って思うかもしれないけど(笑)、それはそれでいい思い出だと思うしね。

今、学生でちょうど受験とか試験がある時期だと思うんだけど、そういう何か試験や嫌なこと、もしくは何かを忘れたいとき、ある程度〝楽しみ〟がないとやっていけないじゃない?

推し活って、その最たるものだと思う。

だからこそ、お金で悩んでいるのであれば、迷わず「推し」を選択してほしいと思います。

ぜひ、楽しく推し活を続けてね♡

# 自分のことだけ考えていきましょう！

## 27

### 〝痛いおばさん〟になっていないか不安

この歳になっても、周りから「かわいい」と思われたいという気持ちにとらわれ続けています。頭では年相応の落ち着いたファッションにしたほうが良いとわかりつつ、なかなかシフトできません。そのくせ、「痛いおばさんになっていないか？」などと気にしながら生活をしています。大学生になった子どもが一人暮らしを始めたことも重なり、過去最大のモヤモヤ期を迎えることに……。いったい、どうしたらいいでしょうか？

――みいた（43歳）

― 深海

自分がどう思われるかではなくて、まずは、誰のために生きていくのか、ということだと思います。例えば、「年相応が何か」を決めるのは世間や赤の他人ですよね。見る人によっては私だっていい年齢だし、「痛い人」かもしれない。でも、あなたは少なからずこのお悩み相談に応募してくれたのだから、私に対して「痛い」って思っていないはずでしょう？

同じような価値観の人もいるのに、あなたは「痛い」って思われているんじゃないかって人に無理やりピントを合わせているだけ。そんなの無視していきましょう。

あなたは、あなた。

だから、

**赤の他人の意見に踊らされなくていいし、**
**そんな人たちのために踊っちゃダメ。**

あくまで、自分の人生なんだから。いつまでも女性として「かわいい」と思われたいと思ったっていいじゃない。自分がそう思うのなら自分のこころに素直に従って。

私も他人と違うことが怖くなったり、嫌になることもあるけど、それは誰にでもあることだと思う。でも、自分だけ浮いていないかとか、そんなマイナスなことを考えるのって、だいたいこころが疲れて弱っているときなんだよね。それとね、あなたの場合はお子さんが独り立ちして時間に余裕ができて、たぶん……。

ヒマなのよ!(笑)。

だから、まずは弱ったこころを潤すために、あなた自身にお金と時間を使うこと。

**自分のために時間をしっかり使ってあげて、落ち込んだ気分の波を少しずつゆるやかにしてあげる。**

それが、一番の処世術なんじゃないかな。逆を言えば、自分のために生きていないから、今の状況ばかり考えて落ち込んでしまうんだと思う。

私があなただったら、まずは旅行に行く！　できれば言葉も違う海外がいいけど……。普段と環境の異なる場所に身を置くことっていろいろとリセットできるし、自分の内なるものと向き合えるとも思うから。可能なら一泊でもいいからぜひ旅してほしいな。

それから、習い事や地域のコミュニティとかに顔を出してみるのもいいんじゃない？　試しに行ってみて合わなかったら辞めたっていいんだし。とにかく、これまで子どものために使っていた時間を、自分のためだけに使ってみてほしいと思います。

あなたのように自分の時間を使って子どもを育ててあげた人って、私からするとすごくうらやましいし、**その素晴らしい時間を振り返って自分を褒めてあげるべきだと思う。**

そんな人がどんな服を着ていても、そもそも「痛い」なんて思われる筋合いは絶対にないから！

正直に言うと、私も他人のことを「痛い」って思いそうになることがあるんだけど（笑）、人は人、自分は自分。そういうの、もうやめなきゃって思うんです。だって、それって「もろはの剣」だから。

お互い、自分のことだけ考えていきましょう！

# 何があっても
# あなたの価値は変わらない！

## 28

### 女性として終わってる？

43歳のとき、がんで子宮と卵巣を全摘出しました。独身ということもあり躊躇なく手術を受けたのですが、こころのどこかで子宮のない自分は女性として終わっているのだろうか、もし彼氏ができたら受け入れてもらえるのかなど、悩んでしまいます。やはり一人で生きていくほうがラクでしょうか？　今後、私がどう生きていくべきか、ヒントをもらえたらと思います。

——ＹＵＲＩ（49歳）

―深海

まず、これはあなたであれ誰であれ、女性として終わるなんてこと、絶対にない!!

それは「嫁に行けない」「結婚できなくなる」とか、〝女は女らしく〟っていう古い世代ならではの価値観が、知らず知らずのうちにあなたの中に根付いているからなのではとお見受けします。

もし、子宮や卵巣がないことで「騙された！」なんてことを言う男性がいたとしたら、そんなこころの醜い人と一緒にいるほうが怖すぎる。むしろこちらから願い下げです。

**何があろうとあなたの価値が変わることは絶対にありません。**

「こうでなくちゃいけない」っていう誰が決めたか知らない常識や刷り込みに、振り回されないようにね。

そして、

**自分の「弱み」って強みにもなる**

って私は思うの。

私たちも、両親がいなかったことや貧乏だったこと、病気なんかを公表したら、みなさん「深海さんはそれだけの経験があるから優しいんですね」って言ってくれるんです。でも、それは常に私たちがみんなに言ってあげたいことでもあって。だって私たちに限らず、このお悩み相談もそうだけど、みんなもきっといろいろな経験をしているはずだから。

「私の経験は広海ちゃんと深海ちゃんの苦労と比べたら全然大したことありません」ってよく言われるんだけど、苦労の度合いなんて関係ない。だから、みんな自分にも、その優しい言葉をかけてってって思うんです。

そもそも私たちみんな、周囲がどうとか気を遣いすぎずに、

**もっと自分勝手に生きていい**

気がするの。だから、女性としてどうだとか、他人がどう思うかとか、いったん無視して自分を解放して生きてみるのはどう？　誰かのためにハッピーに生きる必要はないんだし、たとえ病気の再発への不安でこころが暗くなったとしても「まあ、暗くてもいいよね」って自分の気持ちを正直に受け入れてみるんです。

私は自分ががんになったとき、周りが心配するって思ったから「大丈夫でしょ！」ってなるべく明るく振る舞っていたんだけど、後になって考えるとそのせいで自分の中に歪みを感じたんだよね。それは自然な振る舞いじゃなかった。だから、つらいときはつらいままでいいと思うんです。

でも、完全に自分のこころに忠実になれってわけではないからね。私の場合だと、大好きな一人旅行中に、「今の私のこころの状態ってどんな感じだろう？」って自分自身に問いかけてみることが、一つの回復方法な気がするんです。

だって、広海ちゃんに聞いても結局は喧嘩になっちゃって解決しないしね（笑）。

別の対処法としては、「自分はこれが嫌だ、辛い」ってことをメモに書いて可視化してみてください。10日後くらいに読み返してみると「これ、そこまで気にならないんですけど」ってなることもあるから。漠然と頭に浮かべて悩んでいてもモヤモヤするだけだけど、何が嫌なのか書いて整理してみると、不思議と悩みは時間とともに消えていくはずだから。

そもそもあなた、生きているだけで丸儲けなのよ！

# 無理やりにでも「今日から変わる！」って決めてみて

29

**DVに不倫。どん底な気持ちの切り替え方は？**

DV夫から家を追い出され一年半が経ち、いまだに毎日暗闇の中で過ごしています。夫とは弁護士を入れて裁判をしていますが、なかなか進展もなく、気持ちが底辺まで落ちています。さらにDVだけでなく、夫が不倫をしていたことも判明……。大好きな広海ちゃんと深海ちゃんのインスタを見ているときは気も紛れて楽しいのですが、見終わるとまた暗い気持ちになってしまいます。どうすれば、自分の気持ちを切り替えることができるでしょうか？

——亞里（47歳）

DVのうえに不倫までしていたなんて、ムカつくわね！　そんな相手、早く別れてとっとと次に行っちゃいなさい！　人生、仕切り直すのよ。今は精神的に本当につらいし大変だと思うけど、**「これから先の人生、いいことしか起こらない」って思っていたら、本当にそうなっていくから。**

ぼくも20代前半の頃に借金をして、家賃が払えなくなって「目の前が真っ暗になるって、このことか！」って経験をしたけど、「これからも人生は続くんだし、なんとかなるはず！」をモットーに生きてたら、実際本当になんとかやってこれたし。

無責任に聞こえるかもしれないけれど、**今は「なんとかなるはず」と考えて動くしかない**と思うんです。あなたはこれまでつらいことが多かったと思うけど、でも、その分これからはたくさんいいことが起きるはず。少なくとも「なんで私だけなの？」って思っていると、その考えの悪循環からは抜け出せないから。傷痕や苦しい思い出は残るかもしれないけれど、それでも、やっぱりいつか時が解決してくれるものなんです。

ぼくの場合は父と母がいない家庭環境を「かわいそう」って思われるのが嫌だったから、自分で自分を「大変だったよね」「頑張ったよね」って慰めつつ、**なかば無理やり気持ちを「通常運転」に切り替えてみたら、徐々に環境も変わりました。**

もしかしたら、環境に馴染んで気持ちが「通常運転」になっただけかもしれない。どちらが先かはわからないんだけど、ぼくの場合はそうすることで気持ちが落ち着いてきたように思います。

だから、決めなさい！　今日を境に「よし、考えるのやーめた！」って。だって、ある日突然気持ちがスッキリすることなんてないんだから、無理やりでも自分で一区切りつけて切り替えるの。

やっぱり、

**どんな状況でも前向きに考えられる人のほうが、ハッピーだと思うから。**

少なくとも、あと数十年はあなたの人生は続いていく。だから、そんなひどいヤツのために落ち込んでいたらあなたの人生もったいないじゃない。嫌なこともつらいこともたくさんあっただろうけど、これからはとにかく頑張りすぎず、いきいきと幸せに生きていくの。きっと状況は好転していくから、大丈夫よ！

応援してるからね！

# 声に出して、自分を褒めてあげて

30

## 自己肯定感の高め方について

現在、看護師として働いていています。仕事は上手くいっているのですが、幼少期から人間関係の悩みが絶えず、何に関しても自己肯定感がとても低いです。いわゆるＨＳＰ（Highly Sensitive Person）ということもあり、神経質で悩みやすい性格にも困っています。どうしたら自己肯定感を高めることができるのか、アドバイスをください。

――M・T（28歳）

私も小さい頃はあなたのように自己肯定感が低かったの。育ててくれたおばあちゃんは、悪気なく「親があらへんのやから、ちゃんと頑張らな、ろくでもない大人になる」「双子だから身体が小さい」なんて言ってしまう昔気質の人で。そんなおばあちゃんの勝手な思い込みも影響してるのかな（笑）。もちろん、おばあちゃんは私たちのことを愛情たっぷりにハッピーに育ててくれたし、私たちもそんなおばあちゃんが大好きなんだけどね。

当時は「親がいないとダメなんだ」「双子だから身体が小さいんだ」なんておばあちゃんの言葉を真に受けていたんだけど、大人になっていろいろなことを経験したら、それはあくまでその人の意見であって

**「自分のことは自分で決められるんだ」**

って理解できるように。そこから私の自己肯定感は上がった気がします。

そんな私からアドバイスさせていただくと、まずは、**「これでいいんだ」「ここが私の良いところなんだ」というように、自分で声に出して言ってみるといいかも。**

だって、あなたは医療業務に従事されているのよね。昨今のコロナ禍でどれだけ現場が大変な状況にあっても仕事を投げ出さなかったわけだし、それだけで人としてとても優れているということに、気づいてほしいと思います。

それでも自分の良さに気づけないなら、「もし、自分の子どもが自分と同じことをしていたら、いったいどう思うかな?」って考えてみてほしい。

看護学校で高齢者の介護やお世話もしたでしょうし、大変な苦労と勉強を経て、今、医療現場でいろいろな人の役に立つ素晴らしい仕事をしている。誰にだってできる仕事じゃないわ。ほら、これが自分の子どもだとしたら、思わず「すごい！　えらいわ！」なんて、褒めるんじゃない？

あなた方のおかげでコロナ禍に多くの人が救われたし、助かったと言っても過言ではないの。感謝される理由がこんなにあるんだから、ぜひ自分を褒めてあげてください。

# 31 「自分が自分のセクシュアリティにどう向き合うか」が何より大事

## セクシュアリティについて

僕はトランスジェンダー男性※で、ゲイです。田舎でいろいろと隠して生きていたとき、『PON!』※に出演していたお二人を見て救われていました。お二人は当時のことを「黒歴史」と話していますが、僕にとっては大切な思い出です。最近では身体の治療を始めて少しずつ変化を感じていますし、自分らしい居場所も見つけつつあります。一方で、治療を続けても完全に男性の身体にはなれないという現実に、強い不安も感じています。ゲイコミュニティの中でも僕と同じような境遇の人は多くはないので、理解されるのに時間がかかります。どうしたら、ありのままの自分を愛せるようになれるでしょうか?

――あっくん(29歳)

※出生時に割り当てられた性別が女性、性自認が男性
※2010年～2018年(日テレ系バラエティ番組)

―深海

まず最初に伝えたいのは、あなたがどんなセクシュアリティだとしても、**あなたは絶対に愛されるし、あなたを受け入れてくれる人が必ず現れるということ。**

これは絶対に忘れないで。

海外だと、その土地柄、生まれたときから人種差別を受けている人もいるし、日本よりトランスジェンダーも多くて、彼らを見ているといい意味での〝開き直り〟があるように感じるんです。でも、ここであなたに無理に開き直れとは言わないし、同じ境遇の人のほうが「ホルモン治療、つらいよね」なんて理解し合うこともできてベストだとも思う。だけど、無理して同じ境遇の人を探すことなく、壁を作らず、おおらかに人づき合いをするほうがいいかもしれない、とも思うんです。わざわざ自分をカテゴライズする必要もないし、もしゲイコミュニティに馴染めなくても、全然問題ないんじゃない？　少なくとも、私はゲイ同士でつるむのは、あまり好きじゃないほう、かな。〝男前な気質の女性〟とつるんでいるほうが楽しい場合もよくあるし。思えば男前っていうのももう古い言い方ね（笑）。つまり、どんなコミュニティでも相手を拒絶する人はいるし、もちろん受け入れてくれる人もいる。だから、あまりセクシュアリティにとらわれすぎないでほしいって思うんです。

そもそも今、アメリカやヨーロッパでも、マイノリティの中での差別は問題になっていて。あなたが言うように、トランスジェンダー男性でゲイだという人は多くはないから、マイノリティの中に差別する人がいるのも、悲しいことに事実。実際、私が海外で会ったトランスジェンダー男性の中には、男らしさをものすごく追求している人や、ゲイに対して差別意識を持っている人もいました。でも、当たり前だけどそういう人ばかりではなくて、とても理解ある素敵な人たちにもたくさん出会いました。

要するに、

**自分が自分のセクシュアリティにどう向き合うかということ**だと思うんです。仮に拒否されたり、差別されたりすることがあっても、他人の物差しで測らないで自分の好きにやっていけばいいと思うし、実際、私もそうしています。あなたは身体もこころも生まれ変わっているところなんだから、この状況を受け入れてくれる人を、まずは大切にしていきましょう。そして何より自分自身も、ね。

でも、あなた『PON!』を見ていてくれたんだ？　私たち、当時の番組の悪口ばかり言ってごめんなさい。そんなふうに思ってくれているなんて、すごく嬉しい。本当に、あなたの大切なことを相談してくれて、ありがとう！

# 勇気を出して、自分のために生きてみて！

32

## 波瀾万丈な人生について

婚約していた彼と、先日、破局してしまいました。彼の浮気が原因です。まさに、人生お先真っ暗。これまでも私の人生はいわゆる波瀾万丈で、家族関係のトラブルがあったり、今も看護師として働きながら家族と一緒に闘病中の母の介護をしたりと、いっぱいいっぱいの日々を送っています。いつまでこんな状態が続くのかと考えては、毎日落ち込んでいます。どうしたら、前向きな考え方ができるようになると思いますか？

――むっちゃん（28歳）

まず、順を追って考えていきましょう。婚約破棄っていうと言葉としてもインパクトがあるけど、その原因は彼の浮気なんだよね？　そこで結果的にお別れしたということは、あなたが浮気をする人が許せないということ、そして、彼はまったくもって誠実ではないということで。これって、結婚する前に気づいて良かったと思うんです。だって想像してみて、結婚して子どもを抱いているときにわかったとしたら、取り返しがつかないよね。

実は昔、私も彼氏に浮気されたことがあって、それでも相手を許してつき合っていた経験があるんです。でも結局は上手くいかなかった。何が言いたいかというと、一見何も問題なんてないように見えるカップルでも、実はいろいろな事情があって、**みんながみんな幸せなストーリーばかりじゃないってこと。**

もちろん今のあなたは破局したばかりで、彼のいたこころの〝隙間〟みたいなものが色濃く残っているから、それで余計に周りが幸せそうに見えて、落ち込んでしまっているんだと思う。

そこでね、提案したいのは彼のために使っていた時間を、今度は自分のために使うということを、意識してやってみてほしいんです。エステでも習い事でもなんでもいい。自分だけの時間を持ってみてください。私、ポジティブになるコツというか、余計なことを考えないテクニックの一つは、自分のために時間を使うことだと思っているんですよ。

だって今のあなた、ちょっとキャパオーバーなんじゃないと思うの。だから、逃げていいのよ。お母様の介護のことだって、「親の面倒は子どもが看なきゃ絶対にダメ」っていう、あたかも常識やルールだとされがちなものに縛られているけれど、それも一回無視していいと思う。看護師の仕事にお母様の介護に、そんなに全部のことをあなた一人の身体で抱え込んだら、いつか絶対につぶれちゃう。
もちろん、「つらいから」ということだけを理由として伝えてしまうと、一緒にお母様を看ているご家族に角が立つでしょうから、「自分はキャパオーバーで、仕事でもミスをしてしまいそうで危ない」と理由をきちんと伝えて相談しましょう。ほかの家族の人が看てくれる時間を増やすとか、プロにもお任せするとか、どうにかしてあなたが休める時間を作ってほしいの。

あのね、「何か」を変えるんです。それでも、意外と世界は回っていくものだから。例えば仕事で同僚が病気で何日か休んだとしても、「大変だ〜」と感じることもあるかもしれないけど、「病気でも休むな！」とまでは思わないよね。

それに、あなたが倒れてしまったらほかの人がお母さんのことを看ないといけなくなって、それこそ本末転倒じゃない。だから、あなた自身のためにも、周囲のためにも休むことはすごく大事だと思うんです。

え、そういうのを「レスパイトケア」と言うの？　横から青柳さんが教えてくれたわ。

そう、その「レスパイトケア」をあなたもするのよ。

**キーワードは「自分のために生きる」こと。**

周囲や家族に気を遣いすぎていると、自分のついた小さな嘘たちがいつの間にか膨れ上がって、いつしか動けないほど苦しくなってしまうから。

だから、勇気を出して、「休みたい」「解放されたい」っていう自分の気持ちに正直になる時間を、ぜひ作ってみてくださいね。

# ジジババ同士支え合うのも悪くない

## 33

**老後のことが不安**

既婚者ですが、子どもがいません。若い頃は気にならなかったのですが、五年ほど前にがんを患ったことと祖母を看取ったことがきっかけとなり、自分の老後に不安を感じるように。とくに、家族に囲まれて101歳の大往生を遂げた祖母とは違って夫以外に親族はおらず、自分の老後を考えると孤独感に苛《さいな》まれます。夫とともに親戚との縁も薄く、不安は増していくばかりです。

――しましま（48歳）

一深海

老後のことを考えて不安に襲われる気持ち、とてもわかります。たしかに少子高齢化のこの現代、不安だよね。でも、言いたいのは、「私もあなたとまったく同じ状況」ってこと（笑）。だって、私も広海ちゃんも今の日本では結婚できないし、育ててくれた祖父母も亡くなって、親戚もほぼいない。似ていると思わない？　そしてそんな状況の人はとっても多い気がします。

そこで私が感じているのは、

**家族の絆より、友達の絆を信じる人生もありなんじゃない？**

ってことなんです。

例えば、家族と絶縁して老後に一人ぼっちで施設に入っている方もいらっしゃる一方で、まったく身寄りはないけれど施設でたくさんの友達を作っている方もいる。つまり、一人で気楽そうな人もいれば、家族を憎みつつ孤独に苛まれている人もいて……。つまるところ、それって人それぞれの生き様なんだと思うんです。

みんな「隣の芝生は青く見える」状態。誰にでも孤独や闇は潜んでいるものだから、それを「私だけ……」なんて心配する必要はないと思う。あなたはまだ40代だし、数十年後もっと年配になったときなんて、どうなっているかわからないと思わない？　私はそのとき、対等に話すことができるようなジジババの友達がいると考えて、自分の精神衛生を保っているの。今は歳をとってもゲートボールなんて絶対にしたくないって思っているけど、いざそのときになったらやりたくなっているかもしれないし。

だから、そこまで悲観しないでちょうだい。きっと歳を重ねてからも、どうにか友達ができるはずよ。相手はジジイかもしれないけど大丈夫、そのときはあなたもババアだから（笑）。

でも、あなたの孤独を私に打ち明けてくれてありがとう。それってみんなが抱えている不安だろうし、私も双子とはいえ、今後はどうなるんだろうと気がかりではあるから。私の場合、どうせ結婚できないとか、最初から自分の可能性を狭めてしまう性《さが》なのよね。

でも、他人のことならわかる。

**あなたの可能性は自分で限定するべきじゃないし、いろんなことができるはずだから。**

それに、私自身もいつも友の会のみなさんが、「深海ちゃん、すごいね。応援してます」って言ってくれることに助けられているの。あなたも「友の会」の一員よ。きっとその頃にはみんなで支え合って生きてると思うの。そうやって支え合いながらジジババになっていくのも、悪くないと思わない？

# 落ち込んでいる自分も受け入れちゃいましょう

34

## 病気の影響でウィッグをかぶっている

脱毛症のため、10年ほどウィッグ生活を送っています。子どもから「なんでお母さんの髪だけ取れるの？」と言われることもあり、「子どもにどう説明したらいいいんだろう？」「こんな髪形、嫌だな」と思ってしまうことも。こんなネガティブな気持ちへの対処法について、深海さん、アドバイスをいただけますか？

――えん（32歳）

深海

私、自分ががんになって病院に通っていた頃、丸坊主で帽子をかぶっている人を指差す子どもに「見ちゃダメ！」って注意する親御さんを見るたび、嫌な気持ちになっていたんです。日本ならではの「見て見ぬふり」ってやつね。あの腫れ物に触れるような感じに、どうもこころがザワついて。

私自身、ゲイであることや親がいないことで、同じような扱いをされることがあったからわかるんだけど、腫れ物に触るかのように無視されるとね、まるで透明人間になったような、どこか社会から断絶されたような気持ちになるんです。当然、存在を認められない気持ちになるし、モヤモヤしてしまう。でも、少なくとも自分だけは受け入れてあげればいいし、無視してくる人は、こちらからも無視すればいいと思うんです。

とはいえ、そう簡単に割り切れないことも、当然ある。でも、それもそれでいいじゃない、と思うんですよ。

**頑張る自分も頑張らない自分も、**
**受け入れられる自分も受け入れられない自分も、オールオッケー。**

逆に「モヤモヤしちゃダメ」なんてストッパーをかけていたら、余計に考えすぎちゃうよね。だから、「このザワつき、モヤモヤ……オッケー！」って丸ごと受け止めてほしいんです。

きっと、あなたは今まで嫌な思いもしてきただろうから、なかなか前向きに考えにくいのかもしれない。でも、「私だけ……」って考えているとやってられないから、いっそ落ち込んでいる自分のことも受け入れちゃいましょう。ダメなときの自分を丸ごと受け入れてあげるの。そうすることで、満たされない気持ちを自分自身が理解して、何かしらのこころの対処法が見えてくるはずだから。

そして、お子さんからウィッグについて聞かれて対応に悩むのは当然のこと。でも、親の嘘ってやっぱり子どもには伝わっちゃうんだよね。だから、下手な嘘をついて、後から「嘘だったじゃん!」なんて言われて信頼をなくすことがないように、**旦那さんと相談したうえで、正直に伝えることが大事**だと思います。だって、ウィッグをかぶっていることを隠すより、「別にいいじゃない」と思えるお母さんのほうが、おおらかで素敵だと思わない?

そして、これはあなた自身が自分を受け入れてあげるためにも必要なことなんだと思う。「悩んでも変えられないんだから、まあいっか」ってね。私だって、「深海ちゃんって親がいなくて、かわいそう」って言われても、今は正直どうでもいいと思えるようになりました。だって、そんなこと言われても自分で変えられないんだから。「変えられない」ことで悩むより、「変えていける」何かを考えていきましょう！

そもそも、大好きな子どもと旦那さんがいるんだから、もう完璧じゃない！

自分のペースで構わないから、少しずつ、自分のことも受け入れてあげましょうね。

# まずは自分自身のことを理解しましょう

35

## 躁うつ病&発達障害で働けない

躁うつ病、発達障害を抱えており、やりたいことがあってもなかなか働くことができません。最近、ようやく週一日くらいでアルバイトに入るようになったのですが、それではお金も貯まらず、どうしても稼いだお金で旅行や食事を楽しんでいる周りの人と自分を比べて、つらくなってしまいます。とはいえ、今の私はフルタイムで働くこともできず……。どうすれば、このモヤモヤした日々から抜け出すことができるでしょうか?

——umi.(27歳)

—広海

躁うつ病のことはぼくにも経験がないし、周りにもいないからアドバイスできないので、発達障害をメインにお話しするね。ぼくもＡＤＨＤだからたまに薬も飲んでいるんだけど、発達障害って治るものではなくて、「どう上手くつき合っていくか」なんだよね。

あなたは20代でまだ若いし、不安になる気持ちもすごくよくわかる。でも、まずは自分と上手くつき合っていくために、何ができて何ができないのか、どういうことで対処していくのか。つまり、**自分自身への理解を深めることが大事だと思います。**大切なのは「克服」ではなくて、「理解」ってことね。

自分のことをちゃんと理解すると、「こういう体調のときは無理だな」「○○系の仕事は向いていないよね」なんて傾向がはっきり見えてくるんです。

例えばぼくの場合、指揮命令系統で働く仕事は合わないし、早起きが必要な仕事も絶対に無理だった。昔カフェの朝6時からのアルバイトをしたとき、ぼくが寝坊したせいでお店が開店時間になっても開かなくてクビになったこともあったからね。そこからはもう「ルーティーン業務や早朝に起きる仕事はやめておこう」と（笑）。そのときの店長さん、お客さん、ごめんなさい。

つまり、ぼくだってしくじりながら生きている。だから、とても生きづらいとは思うけどそんなに悲観せず、**まずは「自分を知る」ところから始めましょう。**

自分には何ができそうか、合っているのか、どんな職業に就きたいのか、じっくり探したらいいと思う。20代でやりたいことが見つからなかったり、自分がよくわからない人なんてたくさんいるから。だから、焦らないでゆっくりいきましょう！

今、発達障害を公表している人が増えているけど、その中でも**上手くいっているのは、基本的に自分のことを理解している人**なんですよ。自分には無理なこと、合わないことを理解しているからこそ、自分の得意分野で頑張ろうとしているんです。それに、不得意なことを無理に続けるのではなくて、得意なところを伸ばしてあげるほうが、絶対に上手くいくはずだから。

あとは、ただぼんやり悩んでいるだけだと問題が大きく思えてくるから、細分化して考えるのがポイントかな。お金がないなら、月にあと10万円欲しいのか、5万円なのか、そういうことを明確にしていくことで、モヤモヤが見える化されて「やらなきゃいけないことリスト」に変わっていくんです。

話していて感じたけど、あなたは素直で素敵だからきっと大丈夫！　まずは「自分を知る」ことから、始めてみてください。

# 小さくても「できる」ことを増やしていって

# 36

## パニック障害とのつき合い方

大人になって、突然パニック障害になってしまいました。最初は飛行機に乗るときだけだったのですが、「自分の意思で外に出られない」という恐怖から、満員電車なども苦手に。もともと旅行や、人の多いライブが好きだったのですが、いずれそういう場所にも行けなくなるのではと心配です。病院には通っているのですが、できることの幅が狭くなっていくのが不安でたまりません。

――きょんちゃん(43歳)

―深海

私もパニック障害があるから自分の体験をまじえつつ、いくつか対処法をお話しできればと思います。

まず一つは、カウンセリングを受けること。「自分は何が嫌なのか？」ということをカウンセラーさんと深く探っていくんだけど、意外と自分自身では気づかなかったことが発見できるんです。

たとえば私の場合、電車なんかでぎゅっと押されて自分で体勢がコントロールできなくなったとき「苦しい！　息ができない！」って感じていたんだけど、カウンセリングの結果、その理由が〝匂いと暑さ〟という物理的なことにあると気づけたんです。それを知ることができたことで、小さくても対策が取れるようになったの。例えば、電車に乗るときはすぐ脱げるような上着にしたり、薄着にしようとかね。

二つ目は、今は「できないこと」「不便なこと」にフォーカスしちゃっていると思うんだけど、逆に

**「これならできる」ということを増やしていくんです。**

例えば、長距離の飛行機は無理でも、国内の一時間くらいのフライトや新幹線の二時間なら大丈夫、とかね。そういう「これだったらいける」ということを増やしていくと、少しずつ症状も和らいでいくと思います。私もそうだけど、意外とパニック障害があっても生活できるし、海外にだって行けているから。そこまで絶望しなくて大丈夫。

それから、三つ目。私の場合なんだけど、薬が飲めないときはスマホで見られる動画アプリとかで、自分の好きな海外ドラマや映画をひたすら観る、っていうのも案外症状がマシになったから試してみて。空港に着いて搭乗待ちしているときから、飛行機に乗ってい

る間もずっと。

ちなみに、飛行機のエンジン音はパニックの原因になりやすいから、ノイズキャンセリングイヤホンは大事！

私なんて、忘れたら空港で買うこともあるからね。イヤホンの音を少し大きくして好きな海外ドラマを観ていると、だんだんと平常心になって、気持ちが落ち着いていくんです。


あとは、コロナ禍、みんなが少しずつ、うつっぽかったように思うんだけど、毎日暗いニュースばかり見ていたら、誰でもまいっちゃう。だから、なるべく無作為にニュースが目に入ってくるテレビをつけないようにするとか、細やかな日常のケアも大事。嫌なニュースを避けるとか、できることからトライして。私は今でもパニクるときがあるけど半分見栄を張って（笑）、「大丈夫でしょ！」って自分に暗示をかけて生きています。これも案外効果的よ♡

# そして、
# その後のおはなし…

二人との相談から数ヶ月後に、
相談者のみなさんに、その後のおはなしをお聞きしました。
人生、いいときもわるいときも。

## 1 「こころから話せる友人がいない」 P14

深海ちゃんの「大丈夫よ」の一言で、「あ、いいんだ」とホッとしたのを、今でも覚えています。正直、私の芯にある気持ちをそのまま伝えることはまだ難しいのですが、ほんの少しでも自分をさらけ出すことができる友人が一人いることに、気づいたんです！　それは、ちょうどこの本で相談したことがきっかけでした。本当に感謝します。これからは、自分の話をもっとできるように努力していきたいと思います。

――ともは

## 2 「転職先で上手く人づき合いができるか不安」 P20

入社してもうすぐ半年になりますが、今のところ挫けずに働けています！　案の定、「この人合わない」と思う人も所属した部署にいましたが、広海ちゃんのアドバイスを思い出して「無理」という気持ちにフォーカスしないようにしています。今後も頑張って働いていきたいと思います。

――N.O

## 3 「二人の男性の間で迷っている」

P24

――ドタバタママ

実は相談に乗っていただいた後、数年続けていたダブルワークの疲れから休職してしまい、元気だけが取り柄だった私は、ブルーな日々を過ごしていたんです。その間、「元気になったらまた楽しもう!」と言う社交的な彼と、「治るから大丈夫、手伝うよ」と言う実直な彼の言動から、この先どちらの彼と過ごしていきたいか、考えることができました。そう、私を「スペシャルな存在」だと思わせてくれるのは実直な彼だと……。深海さん、あのときのアドバイス、本当にありがとうございます!

## 4 「人間関係が上手くいかない」

P28

――n@o

広海ちゃんのアドバイスのおかげで「他人からの情報だけでは判断できない」と、流されずに人間関係を考えることができるようになりました。たとえ苦手だと思う人でも、〝仕事だけの関わり〟だと割り切ることができるようになりました。上手く距離を取ったりしながら、このまま「好き嫌い」の感情も、うまく乗りこなしていきたいです!

## 5 「離婚したことを親友に話すべき？」

P32

――ゆきべこ

今回お話させてもらったことで、「話したくなったら話せばいいや～」と肩の力を抜くことができました。そのおかげか、やはりいつも気にかけてくれる親友だけには打ちあけよう、という気持ちに。とても驚かれたのですが「よかったね」「自立した女性だね」と、プラスの言葉をたくさんもらうことができました。おかげで、シングルマザーであることを難しく考えなくてもいいのかな、と思えるようにもなってきました。大学受験を控えた娘と、これからも力を合わせて頑張ります！

## 6 「同性のパートナーの作り方」

P36

――H・K

深海さんのお話を聞いてから、「今を楽しむ。恋はおまけ」をモットーに生きるようになりました。アドバイスにもありましたが、いわゆる「学生時代の友達」とより深い関係性を築くためにも、今、友達にたくさんの愛情と感謝を伝えていこうと思っています。卒業後、疎遠になってしまわないためにも。これからは恋を探すのではなく、まずは残された学生生活を大切にして、友達や家族に愛を伝えていきたいです。

## 7「隙がないってダメ?」

P40

深海ちゃんのアドバイスで、「私が選ぶことができる立場にある」ことをしっかり認識して、自分からも男性に声をかけるようになりました。必要以上に肩肘を張っていたのを少しゆるめて、しっかり「かわいげ」も意識したおかげか、最近話す機会の増えた男性から「隙がないどころか、逆に隙だらけ」と言われるほどに(笑)。私のニーズがありそうな海外市場にも、進出予定です!

——nico

## 8「夫と喧嘩ばかりしてしまう」

P48

広海ちゃんの「(旦那が)帰りやすい穏やかな家庭を作ってね」という言葉が頭にスッと入ってきて、もっと、良い意味で気遣いをしなくてはと思いました。大したことではないのですが、喧嘩や言い争いの後はコンビニでスイーツやお酒を買ってみるなど、ささやかなことから、相手のことを気遣えるようになったと思います。もちろん喧嘩がなくなったわけではありませんが、この相談のおかげで、接し方や行動をお互い意識、改善していこうと思うことができるようになりました。

——みっく

## 9 「反抗期の子どもとの接し方」

P52

——みーご

まず、「あなたが頑張りすぎている」と言ってもらえたことで、とてもこころが救われました。私は旦那さんのように仕事ができないし、母親が子育てするのが当たり前……そう思っていたからです。もちろん息子の問題がクリアになったわけではありませんが、「勉強できなくても学校に行けている」「本人は幸せそう」「とりあえず、それでいっか！」と思えるようにもなりました。完全な「太陽」にはなれないかもしれませんが、「北風」にはなりすぎないようにしていきたいと思っています。

## 10 「夫が浮気をくり返している」

P58

——マオリ

広海ちゃんに「旦那さんもちゃんとあなたに愛情があるはず」と言ってもらえたことが、本当に嬉しかったです。けじめとしての礼儀が大切だともアドバイスしてもらい、まずは今までの浮気の償いとして、欲しかったものをプレゼントしてもらいました（笑）。お話ししたときの広海ちゃんの優しい笑顔と言葉を思い出すたび、気持ちがスーッと軽くなって、楽に過ごせるようになりました！

11

## 「複雑な家庭環境を隠したい」

P62

――物欲オバケ

相談させていただいた数日後、友人にカミングアウトしようとしてみたのですが、なかなか話の切り出し方が浮かばず……。よくよく考えてみると、まだ私は「隠したい」のだとわかったんです。でも、深海さんが「隠したいと思うことも仕方がないんじゃない？」と言ってくださったので、こころが軽くなりました。今までは〝隠しごと〟をしているようで後ろめたさがあったのですが、そんな自分も許せるようになりました。

12

## 「自傷行為の痕を子どもに説明するべき？」

P66

――san

夫にも今回の相談の件を話してみたのですが、広海ちゃんの意見に大賛成でした。これまでは「絶対に子どもには正直に話さなければいけない！」と思っていたのですが、アドバイスのおかげで漠然とした不安がなくなり、本当に気持ちが楽になりました。子どもが成長して話すべきタイミングが来たら、伝えてみたいと思います。傷痕の件も、ためしに人が集まる場所で七部袖に挑戦した結果、自分が気にしすぎていただけだと実感しました。これからも長袖以外の服が着られるように、少しずつ前に進んでいこうと思います。

## 13 「認知症の父を施設に入れるべき?」

——ねこズ

P70

その後、父は認知症の主治医のいる大学病院へ入院しました。やはり嫌がられましたが、「安全に自宅で暮らしてほしい」ためだと説得し、信頼を得て、入院してもらいました。ただ、この期間に認知症の症状が進み、現在は老人保健施設に移ったところです。やはり良心の呵責《かしゃく》に苛まれる場面もありましたが、広海ちゃんのアドバイスのおかげで、「週に一回面会に行ける場所で、父が幸せを感じられる施設を真剣に探そう!」と、気持ちを切り替えることができました。父にとても感謝していること、どこにいても大切に思っているからこそ、安心して暮らせる場所を探していると伝えたところ、父は安心したようです。

## 14 「毒親とのつき合い方」

——MINAMI

P74

やはり、子どもたちには私と同じ思いをさせたくないという気持ちが強く、相談後は可能な限り陰でサポートをするようにしています。子どもたちには「人生は一度きり、自分の人生なんだから思うようにしてごらん」と話しています。また、アドバイスいただいた通り、私が子どもたちの「一番」の理解者であるという姿を見せると同時に、自分の意志を通すなら、他人のせいにせず自分で責任を持つということも、日々、伝えるよう心がけています。いつか広海さんと深海さんにお会いして、生きる勇気を与えてくださったお礼をすることが、私の目標です!

## 15 「代理母出産を選択、普通に産める人がうらやましい」

P78

――ごま塩

その後、紆余曲折を経て、代理母さんは現在妊娠四ヶ月！　来年には私たち夫婦の赤ちゃんと会うことができそうです。もちろんいろいろと思うことはありますが、親友の「あなたにはあなたのマタニティがあるんだよ」という温かい言葉に励まされ、日々過ごしています。また、余計な外野の言葉は広海ちゃんからもらった「今は、代理母のことに集中！」精神で跳ね除けています（笑）。今しかできないことを、前向きに頑張っていきます。

## 16 「不倫でできた子どもについて」

P82

――akk

お話させていただき、子どもへの説明の概念が覆されて、とても気持ちが楽になりました。また、私自身がハッピーでいることが、子どもにも良い影響をもたらすということに、改めて気づかされました。子どもは2歳3ヶ月ですがものわかりが良く、私の話もよく理解してくれるので、これからもお互いのこころを通わせながら、楽しく過ごしていきたいと思います！

## 17 「ペットロスが心配」

P86

——まーべらす

広海ちゃんのアドバイスを機にペットに関するサービスを調べたところ、保育園や預かりサービスなど、たくさんあることがわかりました。そして、さっそく半日ほどの預かりサービスを体験してみたのですが、ワンコがすっかりリラックスして楽しんでくれて。思い切って、その施設の近くに建築中だった新築マンションを購入しました！　少し安心できたので、久しぶりに海外旅行にでも行こうかと思っています。万が一私が先にいなくなっても、ワンコの社会性を築いてあげることで新しい環境への順応に繋がりそうですし、私自身、ワンコ以外の楽しみを見つけることで、ペットロスも軽減できるのでは、と考えています。

## 18 「仕事でミスばかりしてしまう」

P112

——カルパッチョ

あれだけ仕事でのミスが多く悩んでいたにもかかわらず、深海さんに「転職もありだし、まだ若いから落ち込むのもよくわかる」と言ってもらえたことで、気が楽になり、さらに深く考えすぎることがなくなりました。結果、現在2ヶ月もミスをしていません！

さっそく新人の指導にも、深海さんのアドバイスを参考にさせていただいています。

## 19

### 「SNSで稼ぎたい!」

P116

――koto taku

広海さんに「一度会社に就職して、社会の常識やノウハウを学んでから好きなことを探したほうがいい」「発信するには〝付加価値〟を高めることが大切」とアドバイスをいただき、現在、就職活動を進めているところです。まだ内定には至っていませんが、一度社会に出て〝揉まれて強くなる〟ことを、決心することができました!

## 20

### 「語学力ゼロで海外へ移住することに」

P122

――Namizm

12月で、ドイツに移住して5ヶ月目になります。渡航してすぐの大変な時期も、お二人の日めくりカレンダー『いいときもわるいときも　なんとかなる日めくり』をめくりながら、なんとか乗り切ることができました。そして、彼とはきちんと別れて友人関係に戻り、今は新しい恋に向かって早くも爆走中!　「人生チャレンジした者勝ち」だと、実感する日々です。私の相談内容が、誰かの人生の新たな一歩を踏み出すきっかけになれたら嬉しいです。

## 21 「これからの生き方が不安」

P126

——yuriantty

その後、アパレル業界に再転職しました。しかし、年収は上がったものの、今度は歳上の先輩方にいろいろと細かく言われながら働く始末……。やはり、どんな会社に入っても人間関係の悩みは尽きないのだと感じています。でも、広海ちゃんのアドバイスにあった「自分は自分！」という言葉を念頭に置いて、毎日を過ごすことができています。

## 22 「留学したいけどお金がない」

P130

広海ちゃんにアドバイスをもらってから、すぐにパスポートを取りに行きました！　なるべく節約してお金を貯めて、まずは海外旅行へ行く計画を立てています。今すぐには難しいのですが、いろいろ調べて必ず留学もしようと考えています。そしていつか、アドバイスにあったように、保育士免許と留学で学ぶ英語を活かした仕事に就くことが夢になりました。それもこれも、広海ちゃんに背中を押してもらえたおかげ。一つずつ、行動に移していこうと思います。まずは海外旅行という〝一歩〟から！

——Rena

## 23 「働きたいけど、社会人経験が少ない」

P134

10代での出産は恥ずべきことだと思っていたので、広海ちゃんから「引け目を感じる必要なんて、絶対にない」という言葉をいただけるとは、思ってもみませんでした。また、「どうせ自分なんかを採用してくれる会社はないだろう」という考えを捨て、ダメもとで2社ほど新たな職種に応募！　採用には至りませんでしたが、小さくても貴重な一歩を踏み出せたような気がしています。長男の大学進学も決まったので、これからはもう一度自分の人生と向き合い、新たなスタートを切っていこうと思います。

――COCO

## 24 「出産を機に退職、今の自分に自信が持てない」

P140

深海ちゃんからアドバイスをいただき、それまでモヤモヤとしていた毎日がパッと明るく、前向きなものに変わりました！　お話に出たように「育児は最強の仕事！」と思いながら、自信を持って毎日を過ごすことができています。それでも落ち込んだときは、お気に入りの香りのボディオイルで足のマッサージをしています。自分の気持ちの変化に、感動すら覚えるほどです。

――あっちゃん

## 25 「努力が続かない」

P166

——とよみ

あれから紆余曲折を経て、現在は訪問看護師として働いています。失業中で不安定な時期に深海ちゃんにアドバイスをいただくことができ、小さな行動でも「できるんだ!」と自分を信じて認めてあげることを思い出すことで、自分の気持ちを前向きに保つことができました。とても貴重なお時間をいただけたと思っています。

## 26 「美容か、推し活か?」

P170

——はやとまと

アドバイスしてもらった通り、お財布に優しい化粧品で丁寧に顔を洗うように方向転換した途端、肌を褒められることが増えました! やはり大事なのは化粧品の高い安いではなく、やり方なのだと身に染みて感じました。そして、お財布に優しい化粧品を使うようになってから、その分、推し活にもたくさんお金を使えるようになったんです。やはり推し活をすると、こころが幸せで満ち溢れます。今しかできないことにお金を使って、後悔のないように生きていきたいです!

## 27 「〝痛いおばさん〟になっていないか不安」

P174

深海ちゃんに「たぶんヒマなのよ」とスパッと指摘され、たしかに私はヒマだった……と思い、まずは〝おひとりさま野球観戦〟で、自分だけの時間を設けてみました。次は〝おひとりさま温泉旅行〟を計画中です！　自分の理想はやはり「かわいい」で、それはわかる人にだけわかればいいし、なんなら自分が満足できていればそれでいいということにも気づくことができたので、本当に相談して良かったです。

――みいた

## 28 「女性として終わってる？」

P180

深海さんのアドバイス通り、嫌なことやつらいことを書き出し、後日読み返してみたところ、案外「大丈夫」なこともあるなぁと、実感することができました。また、「もっと自分勝手に生きていい」と言ってもらえたことで気持ちが楽になったので、行き詰まっている友人にも「深海ちゃんが、もっとワガママに生きていいと話していたよ！」と、伝えるようにしています。毎日を丁寧に自由にワガママに、生きていきたいと思えるようになりました！

――YURI

## 29 「DVに不倫。どん底な気持ちの切り替え方は？」

——亞里

P186

その後、諸事情で弁護士が代わるなどドタバタしていますが、広海ちゃんのアドバイスを胸に、とにかく〝貰えるものはもらって、さっさと次に行く〟ほうが気持ちが楽になることがわかりました。夫と街中で会うのも辛いので、東京や大阪、福岡などへの転居も視野に入れています。物理的にも精神的にも、人生を仕切り直していきたいと思います！

## 30 「自己肯定感の高め方について」

——M・T

P190

深海さんに看護師としての自分を肯定していただいてから、少しずつ自己肯定感が高まってきたように感じています。そのおかげか、人間関係でも前向きでハッピーな方との出会いが増えてきて。今は毎日を前向きに、自分を大切に生きていくことができるようになった気がしています。

## 31「セクシュアリティについて」

P194

――あっくん

実年齢と体感年齢に大きな開きがあり、いつになれば「ゲイの男の子」から「ゲイの男性」になれるのだろうか……など、いまだに悩みは尽きません。でも、自分に嘘をつかず、しっかり自分のセクシュアリティに向き合う毎日は、自分に嘘をつき続けていたかつての日々に比べると、はるかに幸せです！　まずは、自分が自分を受け入れて愛することができるように、できることからやっていこうと思います。

## 32「波瀾万丈な人生について」

P198

――むっちゃん

実は、深海さんのアドバイスに従って「まずは休むこと」「彼のために使っていた時間を、自分のために使うこと」を意識していたところ、同じ境遇の別の方と、運命的な出会いがありました。彼も私と同じく、長年おつき合いされていた方に、同じ時期に婚約破棄をされていたとのこと。今では、その彼と結婚を前提におつき合いしています。深海さんに相談した時点では想像もできないほど、今は幸せな気持ちでいっぱいです。

## 33 「老後のことが不安」

――しましま

P204

現実的な側面での不安は尽きませんが、深海ちゃんに「大丈夫よ」と言ってもらえて、そんな気もしてきますし、そうであってほしいと思っています。お二人の何事も包み隠さない正直な言葉や幅広い見識、行動力は、何かしらのマイノリティに属する者として、とてもたくましく映ります。心配性な私の〝道標〟となるような存在です！

## 34 「病気の影響でウィッグをかぶっている」

――えん

P208

その後、自分の行動に大きく変化があったわけではないものの、こころの持ち方が変わってきていると言いますか、これまでの自分のように、物事をマイナスにとらえない考え方や選択肢もあるのだと、視野が広がったように思います。これからはどんな自分も「オールオッケー」だと思いながら、頑張っていきたいと思います！

## 35 「躁うつ病&発達障害で働けない」

P214

広海ちゃんとお話しさせてもらい、「はっ」と気づかされることが多かったように思います。アルバイトは不当解雇され、新しく始めたアルバイトも1ヶ月で辞めてしまい、「やっぱり自分はおかしいのかな?普通の人と違うのかな?」と落ち込む一方で、アドバイス通り、「自分のことをよく知ろう」と思えるようにもなりました。そして、ほんの少しずつですが、理解できてきた部分もあるので、このまま自分にできることから始めてみようと、現在行動中です。

――umi.

## 36 「パニック障害とのつき合い方」

P218

「できないこと」でなく「できること」に目を向ける、そしてパニックになりそうな場所では体温が上がりすぎないように薄着でいること。この二つのことを心がけた結果、なんと、相談後パニック発作が起きていません! 勧めてもらったノイズキャンセリングイヤホンはまだ買っていませんが、イヤホンを必要とするほど精神的に辛くなくなった、という感じです。もし今後辛くなることがあっても、まだ手段が残されていると思うと、気持ちに余裕が持てるようになりました。

――きょんちゃん

# あとがき

## 今、あなたが悩んでいるのならば「大丈夫！」と伝えたい

**広海**

画面越しではあるものの何十人もの方と個別にお話しさせていただいた、濃いお悩みとその人生がぎゅっと詰まったこの一冊。

その記憶を振り返るようにこの本を読み返したとき、改めて感じたのが、「この世の中には様々な人生が存在していて、それを生きる人たちはみんな、大なり小なり悩みを抱えているんだな」ということでした。

つまり、自由に生きているように見える人も、満たされた生活をしているように見える人も、素敵なパートナーがいる人も、どんなに幸せそうに見える人もきっと大なり小なり悩みを抱えているわけで……。

**深海**

この本はみんなのお悩みも私たちの回答も、すべてが丸ごと人生の応援になっているのよね。

**広海**　だからこそ、手に取ってくださったみなさんに最後に伝えたいのが、「大丈夫！」という言葉なんです。

**深海**　広海ちゃん、普段からよくその言葉を口にするわよね。

**広海**　ぼくもそうだけど、誰の人生にだって、つらいときは必ず訪れるもの。誰しもが「もうダメかも」と思うくらいのつらさを二〜三回は経験していると思うんです。

でも、人生は天秤だから、悪いことも起きるけれど、それと同じくらい絶対に良いことも起きるはずなんです。

目の前にはいつだって、悪いことと良いことが同じ数だけ転がっている。

だったら、ぼくはつらいことに目を向けていつまでもクヨクヨするのではなく、良いことに目を向けて自分自身を幸せにしてあげたいなって思うんだよね。

だからこそ、悩んでいる人にこの言葉を届けたいよね。

**「今は大変かもしれないけど、**
**悪いことが一生続くわけじゃないから、大丈夫。**
**いつか必ずいいことがあるから、大丈夫。**
**人生はいつだって良いことと悪いことのくり返し。**
**今まであなたはそれを乗り越えてきたから、大丈夫」**

**深海**

また、編集の方が、相談者の方に後日談を聞いてくださって、その答えがとっても嬉しかった。思わず泣いちゃった。

私ね、人生ってお天気みたいなものだと思うんです。

雨が降る日は雨音に癒されることもあるけれど、憂うつな気持ちになることもあるし。同じ天気でも、自分の気持ち次第で感じ方が変わるんですよね。

それは人生に訪れる出来事もまた同じで、自分がどうとらえるかでその出来事の感じ方は変わってくるような気がします。ずっと晴天の人生を歩んでいる人なんていないと思うから。人生ってそんなものなんだと思う。

だからこそ、「自分だけなんでこんなに苦しいんだ」と思ってしまったときはこの本を開いてほしいよね。

ページをめくれば、同じように大雨や嵐の中にいる人がいて、「一人じゃない」って気持ちにきっとなれると思うから。

**広海**　うん、だから「友の会」や読者の方々に声を大にして伝えたい。

**広海・深海**　「そんな日もあるわよ」

「なんとかなる！」って。

# ごきげんよう
# みんなの人生

著者　広海 深海

2023年12月25日　初版発行

発行者　横内正昭
発行所　株式会社ワニブックス
〒150-8482
東京都渋谷区恵比寿4-4-9　えびす大黑ビル
ワニブックスHP　http://www.wani.co.jp/

お問い合わせはメールで受け付けております。
HPより「お問い合わせ」へお進みください。
※内容によりましてはお答えできない場合がございます。

印刷所　TOPPAN株式会社
DTP　株式会社 三協美術
製本所　ナショナル製本



本書の印税は、著者が入所していた県の児童相談所に寄付します。


ISBN 978-4-8470-7372-4

イラスト　MASAMI
デザイン　渡辺綾子
文　石井美輪　国実マヤコ
撮影　堀川開生
ヘアメイク　齊藤美香
スタイリング　FUKAMI
校正　東京出版サービスセンター
編集　青柳有紀
　　　長島恵理（ワニブックス）

撮影協力
Holland Village Private Cafe

衣装協力
Theory（リンク・セオリー・ジャパン）
03-6865-0206

＼またねー／